TREADING THE DANCE

MEN DANSEN DEN GÅR

Treading the Dance

Men Dansen den går

Danish Ballads selected and translated by
Danske folkeviser udvalgt og oversat af

DAVID BROADBRIDGE

ILLUSTRATED BY SONIA BRANDES

STACEY
INTERNATIONAL

TREADING THE DANCE

© David Broadbridge and Hovedland Publishers, 2011
Paper cuts © Sonia Brandes
Editing and translations: Knud Kramshøj
Cover design and typesetting: Finn Brohus
Typeface: Berthold Walbaum
Printed at Narayana Press, Gylling

ISBN: 978-1-906768-69-0

English edition published by
Stacey International Publisher

MEN DANSEN DEN GÅR

© David Broadbridge og Forlaget Hovedland, 2011
Papirklip © Sonia Brandes
Redaktion og oversættelser: Knud Kramshøj
Omslag og tilrettelæggelse: Finn Brohus
Sat med Berthold Walbaum
Trykt hos Narayana Press, Gylling

ISBN: 978-1-906768-69-0

Engelsk udgave udgivet af
Stacey International Publisher

THANKS FOR FINANCIAL SUPPORT   TAK FOR ØKONOMISK STØTTE

A. P. Møller og Hustru Chastine Mc-Kinney Møllers Fond til almene Formål

Konsul George Jorck og Hustru Emma Jorck's Fond

Augustinus Fonden

Skive Gymnasium og HF

'… chuse an authour as you chuse a friend.
United by this Sympathetick Bond,
You grow Familiar, Intimate and Fond,
Your Thoughts, your Words, your Stiles, your Souls agree.'

The Earl of Roscommon: *An Essay on Translated Verse*, 1684.

»… vælg en forfatter som du vælger en ven.
Forenet af dette sympatiske bånd,
Bliver I fortrolige, nære og hengivne
Jeres tanker, jeres ord, jeres stil, jeres sjæle samstemmer«

Jarlen af Roscommon: *Et essay om oversættelse af lyrik*, 1684.

For Knud and Hanne Kramshøj

Contents
Indhold

Introduction
Indledning

In writing national histories it has become customary to talk about the autobiography of a nation – the historical events, the cultural and social inheritance that have contributed to its identity. In the national narrative of Denmark, one of the great small nations of the world, a significant place must be accorded in its literary legacy to the medieval ballads. In the canon of Danish literature, this is a national inheritance of the first rank.

It is the aim of this new translation of the most famous ballads, the first for over forty years, and the first bilingual edition, to enable the Danish ballad tradition to reach a much wider audience than before and to generate a fresh interest in them and the cultural ground in which they took root. The ballads deserve to be better known not least because they are part of the 'majesty' of 'buried Denmark.'

The Danish ballads are important because they show us key aspects of the Northern European sensibility in a vernacular style and although they are of limited value to the writing of Danish history they record landmark historical events that have become embedded in the national narrative. Their significance as part of the canon of Danish literature lies in their collection at such an early stage in their tradition. The Danish ballads were the first European ballads to be collected and written down. They are often more myths than historical sources, more poetry than history, but they have become integrated in Danish cultural life and national self-perception. A few examples will illustrate this.

I national historieskrivning er det blevet skik at tale om en nations selvbiografi – de historiske begivenheder, og den kulturelle og sociale arv, der har bidraget til dens identitet. I den nationale fortælling om Danmark – en af de store små nationer i verden – må der skabes en betydningsfuld plads i dens litterære arvegods til middelalderens folkeviser. I den danske litterære kanon er dette en national arv af første rang.

Det er sigtet med denne nye oversættelse, den første i mere end fyrre år og den første tosprogede udgave, at få denne danske folkevisetradition til at nå et meget bredere publikum end før og at udvikle en interesse for viserne og den kulturelle jord, hvori den dannede rod. Folkeviserne fortjener at blive bedre kendt, ikke mindst fordi de er en del af »det begravede Danmarks storhed«.

De danske folkeviser er vigtige, fordi de viser væsentlige sider af nordeuropæisk bevidsthed på modersmålet, og skønt de er af begrænset værdi for dansk historieskrivning, viser de historiske mærkepæle, der er blevet en del af den nationale fortælling. Deres betydning som en del af den danske litteraturkanon hviler på, at de er samlet ind på et så tidligt stadium i traditionen. De danske folkeviser var de første europæiske middelalderviser, der blev samlet og nedskrevet. De er ofte mere myter end historiske kilder, mere digt end historie, men de er blevet integreret i dansk kulturliv og national selvforståelse. Nogle få eksempler vil illustrere dette.

I et runeskrift fra omkring 1300 af Skånske Lov forekommer et håndskrevet fragment af en

In a runic manuscript from about 1300, *Skanske Lov* (The Law of Skane), there is a hand-written fragment of a ballad with musical notation, '*I dreamed a dream last night …*'. This is believed to be verses of the first recorded Danish ballad, a ballad that is still remembered by more than one generation as it was used as a jingle on Danish Radio for many years.

In drama and opera the ballads have been important cultural sources. Johan Ludwig Heiberg's drama *Elverhoj* (The Elfhill), based on one of the best known ballads, has enjoyed continuing success as a national festival play. It was originally written for the wedding of King Frederik VII in 1828 and is partly based on traditional Scandinavian folk tunes. It is a play that has been performed more frequently than any other Danish drama. *Drot og Marsk* (King and Marshal) is another Danish classic, an opera based on the Marsk Stig story written in 1878 with libretto by Christian Richardt and music by Peter Heise.

Niels Ebbesen also means something special to Danes. One of the best known historical ballads is about him. Niels Ebbesen killed the German count Gert in Randers on April 2nd 1340. The background to the story is that between 1332 and 1340 the sole interregnum in the whole of Denmark's history took place. The country was divided between two German counts of Holstein, Johan the Mild and Gerhard III. Gerhard's tyrannical reign in Jutland was brought to an end when Niels Ebbesen broke into his headquarters in Randers and killed him. The ballad has been used in the past as a symbol of Danish resistance to German invasions. In the Second World War, the Danish author Kaj Munk used the story as the basis for a play which protested against the German occupation of Denmark. A statue commemorating Niels Ebbesen can be seen in Randers today.

Over the centuries, the ballads have also in-

folkevise med noder. Dette fragment formodes at være verselinjer fra den første optegnede vise: »*Drømde mig en drøm i nat …*«, en vise der stadig huskes af mere end en generation, da den blev brugt som et pausesignal i Danmarks Radio i mange år.

I forbindelse med drama og opera har folkeviserne været vigtige kulturelle kilder. Johan Ludvig Heibergs (1791 – 1860) drama *Elverhøj (The Elfhill),* baseret på en af de bedst kendte folkeviser, har været vedvarende populært som nationalt festspil. Det var oprindeligt skrevet til kong Frederik d. 7s bryllup i 1828 og er til dels baseret på traditionelle skandinaviske folkemelodier. Det er et stykke, der er blevet opført hyppigere end noget andet dansk stykke. *Drot og Marsk (King and Marshall)* er en anden dansk klassiker, en opera baseret på Marsk Stig fortællingen, skrevet i 1878 med libretto af Christian Richardt og musik af Peter Heise.

Niels Ebbesøn betyder også noget specielt for danskerne. En af de bedst kendte historiske viser er om ham. Niels Ebbesøn dræbte den tyske Grev Gert i Randers den 2. april 1340. Handlingens baggrund er danmarkshistoriens eneste interregnum, som fandt sted mellem 1332 og 1340. Landet var delt mellem to tyske grever fra Holsten, Johan den Milde og Gerhard III (Gert). Gerhards tyranniske regime i Jylland blev bragt til ophør, da Niels Ebbesen brød ind i hans hovedkvarter i Randers og dræbte ham. Folkevisen er gennem tiden blevet brugt som et symbol på dansk modstand mod tyske invasioner. I anden verdenskrig brugte den danske forfatter Kaj Munk historien som grundlag for et skuespil, som protesterede mod den tyske besættelse af

spired songwriters and poets. For the Romantic poets in both Denmark and England, the revived interest in the ballads sprang from their ability in both style and content to produce a powerful narrative drama that taps into fundamental aspects of human experience. Coleridge's *The Rime of the Ancient Mariner* which he contributed to *Lyrical Ballads* in 1798 is perhaps the most celebrated English example of this.

In other national contexts in Denmark the ballads still have a presence. In many songbooks a considerable number of ballads are among the most popular songs. In one of the best known songbooks, *Folkehøjskolens Sangbog* (The Danish Folk High School Song Book), for example, there are about twenty ballads. And the ballads are still an inspiration for contemporary folk-singers, often featuring in their repertoire.

As well as these national aspects, the ballads have much to interest the modern reader in English generally. Their themes and conflicts are timeless and universal. In this respect the ballads form a bridge rather than a barrier between the medieval world and our own. The number of versions of the ballads should also be seen as testimony to their resilience and popularity. We make stories in order to understand our human experience and where they have become embedded in our collective unconscious they take on a truth in a different and equally valid way. The same cultural DNA links us to the ballads today. For Hamlet, the players at Elsinore should hold 'the mirror up to nature'. In reading the ballads we can also see reflections in the narratives of our own lives.

These, then, are texts that should not be ignored or forgotten since they tell us something valuable about both ourselves and our past. A variety of moods and perceptions are accommodated within the discipline of the ballad form: the sacred and the secular, the mythical and the realistic, the drama of historical events and their as-

Danmark. En statue til minde om Niels Ebbesen kan ses i Randers i dag.

I århundreder har folkeviserne også inspireret sangskrivere og digtere. For de romantiske digtere i både Danmark og England udsprang den genoplivede interesse for viserne af disses evne til både i stil og indhold at skabe en stærk dramatisk fortælling, der peger på grundlæggende sider af den menneskelige erfaringsverden. Coleridge's *The Rime of the Ancient Mariner* som han bidrog med til *Lyrical Ballads* i 1798 er måske det mest ansete engelske eksempel på det.

I andre nationale sammenhænge i Danmark er viserne stadig nærværende. I mange sangbøger er et anseligt antal viser stadig blandt de mest populære sange. I en af de mest udbredte sangbøger, Folkehøjskolens Sangbog, er der eksempelvis ca. 20 folkeviser. Folkeviserne er endvidere stadig en inspiration for moderne folkesangere og ofte på deres repertoire.

I lighed med disse nationale aspekter har mange folkeviser meget af almen interesse for den nutidige engelsksprogede læser. Deres temaer og konflikter er tidløse og universelle. I den henseende danner viserne en bro snarere end en mur mellem middelalderens verden og vor egen. Antallet af de forskellige folkevisevarianter bør også ses som et vidnesbyrd om deres livskraft og popularitet.

Vi skaber fortællinger for at forstå vores erfaringsverden, og hvor de har indlejret sig i vores kollektivt ubevidste, bliver de til en sandhed på en anden, men lige så gyldig måde. Det samme kulturelle DNA forbinder os med folkeviserne i dag. For Hamlet holdt skuespillerne på Kronborg »et spejl op for naturen«. Når vi læser folkeviserne kan vi også se afspejlinger af vore egne livs fortællinger.

Det er således tekster, der ikke skal overses eller glemmes, for de fortæller os noget værdifuldt om os selv og vores fortid. En mangfoldighed af stemninger og indsigter har fået plads i

sociated heroism. As Jorgen Lorenzen says in his *Et hundrede udvalgte Dansk Viser*, (A Hundred Selected Danish Ballads), a title which consciously reminds us of Vedel's collection nearly four hundred years previously, 'folkevisen er tekst og melodi, digtning og folkeminde.' 'The ballads are both words and music, poetry and folk memory.' For the scholar, the musicologist, the lover of poetry and the social historian, the ballads have something for everybody.

In a world where English plays a more and more important role, it is vital to make a significant part of the Danish cultural inheritance - the ballads - accessible, as its own special contribution to the global cultural community.

Translating them into English is a way of affirming their importance and ongoing life both nationally and internationally.

This edition of the ballads is not meant to be an illustrated text, but a book of poems and pictures in dialogue. In the accomplished hands of Sonia Brandes, the illustrations not only assert their own visual format, but provide a different kind of imagery from that of the ballads. The illustrations need to be 'read' in conjunction with the texts. They are an invitation to make visual connections with the stories, situations and human circumstances of the ballads.

folkevisens særlige stil og form: det hellige og verdslige, mytiske og realistiske, de dramatiske historiske begivenheder og deres medfølgende heltegerninger. Som Jørgen Lorenzen siger i sin *Et hundrede udvalgte Danske Viser* – en titel som bevidst skal minde os om Vedels samling næsten fire hundrede år tidligere – er »folkevisen tekst, melodi, digtning og folkeminde.« For videnskabsmanden, musikologen, lyrikelskeren og socialhistorikeren – folkeviserne har noget til alle.

I en verden hvor engelsk spiller en stadig større rolle, er det vigtigt at gøre en betydningsfuld del af den danske kulturarv – folkeviserne – tilgængelige som dens eget specielle bidrag til det globale kulturfællesskab.

At oversætte dem er en måde at bekræfte deres vigtighed og fortsatte liv både nationalt og internationalt.

Denne folkeviseudgave er ikke tænkt som en illustreret tekst, men en bog med digte og billeder i dialog. I Sonia Brandes' kvalificerede udførelse hævder illustrationerne ikke bare deres eget visuelle format, men frembringer en anden slags billedverden end visernes. Illustrationerne bør »læses« i forbindelse med teksterne. De er en invitation til at danne visuelle forbindelser til fortællingerne, situationerne og de menneskelige vilkår i folkeviserne.

The Ballads

Folkeviserne

Medieval Society

Middelalder-samfundet

The Eagle Ballad
Ørnevisen

All the small birds that live in the wood,
Are in fear when the hawk flies about;
He tears from them both feathers and down,
From the wood he will drive them out.
But the eagle builds in the fells afar.

They gather then for a council again,
In the top of an old oak tree,
How to find a king for themselves
From the hawk to set them free.

Up then stood the crow so poor,
So full of woe and care:
'Let us choose the eagle as king
And hope he will be fair.'

The other small birds in the wood
Agreed at once to this choice:
'Let the eagle be king of the birds,
So long as God gives him voice.'

Up then spoke the hawk so proud:
'We cannot allow it at all,
For if the eagle is king of the birds
He will reign to our downfall.'

When the eagle heard of this,
His anger knew no bounds,
He struck the proud hawk a mighty blow
With his claws the hawk he wounds.

This gladdens all the little birds,
Who sing their very best:
Joyous birdsong fills the wood,
Where the eagle builds his nest.

Alle små fugle, i skoven er,
de giver på høgen stor klage:
han river af dennem båd' fjedre og dun
han vil dennem af skoven jage.
Men ørnen bygger i felden ud.

Så fløje de sammen i egetop,
de lagde deres råd påny,
hvorledes de skulde dennem en konge få,
dennem kunde fra høgen fri.

Frem da tren den søllige krage,
hun var så sorrigfuld:
»Kejser vi os den gamle ørn!
jeg håbes, han vorder os huld.«

Det vare alle de andre små fugle,
de svarede Ja dertil:
»Nu er ørn fuglekonning,
så længe som Gud han vil.«

Dertil da svared den stolte høg:
»Vi steder det ingenlunde;
og skal den ørn være fuglekonning,
han lægger os øde i grunde.«

Alt da spurgte den gamle ørn,
han blev så vred udi hu:
så slog han den stolte høg
alt med sin skarpe klo.

Derved da glædes de andre små fugle
og synger med hver sin stemme:
i lunden var fryd og fuglesang,
og mest der ørnen haver hjemme.

Then gathered all the host of hawks
From over both forest and fen:
'We will fly to the grove nearby
And plot for our revenge.'

This was heard by the simple dove,
Who flew to the eagle and said:
'The host of hawks is on its way,
They want to see you dead.'

The eagle turned then to the dove,
Tears in his eyes to see:
'So many mice can bite a cat,
I from the wood must flee'

Away then flew the eagle old,
He took his young ones too,
The little birds flew back and forth,
They knew not what to do.

The hawks sit in the oak tree tops,
With outspread wings they rest,
The small birds in the wood fly round
In grief and great distress.

On a bare bough the crow now sits,
And stretches out its claw,
The owl hides in the bramble bush
Trembling in fear and awe.

The lapwing runs in the narrow ditch
And shows its feathered top,
The hawk then comes swooping down
And takes and eats her up.

All the other small birds sit
As silent as a stone,
They have lost their joyous song,
May God give it them again.

Now there is sorrow in the wood
Which once was filled with song,
The poor little birds, I pity them,
For them the time seems long.

Sammen da samledes de høge-hær',
de skjuler både skov og kær:
»Vi vil os til lunden
og gøre der et blær.«

Det da hørte den simpel due,
hun fløj til ørnen og sagde:
»Nu da kommer de høge-hær,
de agter at gøre dig skade.«

Det da svarte den gamle ørn,
så både hans øjen de runde:
»Så mange mus de bider en kat,
thi må jeg rømme af lunde.«

Bort da fløj den gamle ørn
alt med sine unger små;
de andre små fugle de fløj så vide,
de vidste dennem ikke råd.

Nu sidder høgen i egetop
og breder ud med sin vinge:
de andre små fugle, i skoven er,
dennem monne de jammerlige tvinge.

Nu sidder kragen på bare kvist
og svælter over sin klo.
Uglen skjuler sig i alle ris,
jeg venter, hun haver uro.

Viben hun løber i ager-ren
alt med sin høje top.
Høgen han kommer her flyvendes frem,
han tager og æder hende op.

Nu sidder alle de andre små fugle
og tier så kvær som sten;
de haver nu mist' deres dejlig' sang,
når Gud vil, så fanger de den igen.

Nu er der sorrig udi lunde,
som før var fuglesang;
de fattig små fugle dennem ynkes mig,
for tiden gøres dennem så lang.

The dog lies under the table asleep,
The fox is among the geese,
When God wills, the dog will wake
And rescue his poor geese.

The cat is ill and lies in the yard,
Hated wherever he goes,
The mouse is at the poor wife's purse
And fills her full of woes.

May God then help the eagle poor,
Who flies the heath alone:
He finds no place or shelter,
Where he can build his home
But the eagle builds in the fells afar.

Hunden ligger under bordet og sover,
og ræven i gåsesti;
når Herre Gud vil, da vågner han op
sin' fattige gæs at fri.

Katten hun ligger i gården syg,
og hver mand vil hende hade;
og musen råder selv i fattig kones pose,
hun gør hende fuldstor skade.

Gud han da hjælpe den fattige ørn,
som flyver over vilden hede:
han ved sig hverken land eller ly,
hvor han tør bygge sin rede.
Men ørnen bygger i felden ud.

Queen Dagmar's Death
Dronning Dagmars Død

Queen Dagmar lies dying in Ribe,
In Ringsted she should have been:
All the ladies in Denmark's land
Are called to help the Queen.
In Ringsted rests Queen Dagmar.

'Now fetch me one and fetch me two,
Go fetch me all the wise:
Go fetch me young Kirsten,
Sir Carl's sister from Ribe.'

Young Kirsten came in through the door,
With modest maiden air:
Queen Dagmar rose up in her bed
And gladly welcomed her there.

'If you can read, if you can write,
If you can ease my pain:
Then you shall wear bright scarlet robes
And my grey horse obtain.'

'Your will would soon be done, O Queen,
If I could read and write:
But in all truth, I speak my heart,
Your pain stabs like a knife.'

She opened then the Virgin's book,
And read all that she could,
But in all truth, I speak my heart,
Her tears ran thick as blood.

They followed her where'er she went,
But Dagmar still sank faster:
'Now since I cannot better be,
Send for my Lord and master.

Dronning Dagmar ligger udi Ribe syg,
til Ringsted lader hun sig vente:
alle de fruer, i Danmark er,
dennem lader hun til sig hente.
I Ringsted der hviler dronning Dagmar.

»I henter mig en, I henter mig to,
I henter mig af de vise!
I henter mig liden Kirstin,
hr. Karls søster af Rise!«

Liden Kirstin ind ad døren tren
med tugt og fagren sind:
Dronning Dagmar stander hende op igen,
så vel fagned hun hendes komme.

»Kanst du læse, og kanst du skrive,
og kanst du løse min pine:
da skalt du slide rød skarlagen
og ride grå ganger min. «

»Kunde jeg læse, og kunde jeg skrive,
det gjorde jeg alt så gerne;
det vil jeg for sandingen sige:
eders pine er hårder' end jerne.«

Så tog hun Sankte Mariæ bog,
hun læste op alt det hun kunde;
det vil jeg for sandingen sige:
så såre hendes øjen de runde.

De fulgte hende ud, de fulgte hende ind,
det lidte jo længer og værre:
»Imedens det kan ej bedre vorde,
I sender bud efter min herre!

Since I cannot better be,
Send for my Lord and master:
Pray send word to Gullandsborg,
You will not find him faster.'

Up then stood a little page,
And acted with full speed:
He moved the saddle from the grey
On to a fine white steed.

The King stands in the castle hall,
And looks out far and wide:
'Yonder I see a little page,
So sad and sorely tried.

Yonder I see a little page,
So sadly does he ride:
God our father in heaven knows
How the Queen does bide.'

In then came the little page,
And stood before his Lord:
'Queen Dagmar sent me here to you,
To speak with you a word.'

The King he clapped the dice board shut,
So all the dice they sung:
'Almighty God in heaven forbid
That Dagmar die so young.'

The King rode out from Gullandsborg
With a hundred men did he ride:
But when he came to Ringsted
Only the page was at his side.

There was grief within the chamber,
And all the ladies cried:
As the King rode into Ringsted town,
In Kirsten's arms she died.

There was the King of Denmark,
In the doorway did he stand:
And there was little Kirsten
Who took him by the hand.

Imedens det kan ikke bedre vorde,
I sender bud efter min herre!
I sender bud til Gullandsborg!
I finder hannem ikke før!«

Det da var den liden smådreng,
han lod ikke længer lide:
han strøg] sadel af ganger grå,
lagde den på ørs hin hvide.

Kongen han stander på høj'loftsbro,
og ser han ud så vide:
»Og hisset ser jeg en liden smådreng,
så sørgelig mon han kvide.

Hisset ser jeg en liden smådreng,
så sørgelig monne han trå:
det råde Gud Fader i Himmerig,
alt hvor Dagmar hun må!«

Ind da kom den liden smådreng,
og stedes han for bord:
»Dronning Dagmar haver mig til eder sendt,
gerne talte hun med eder en ord.«

Dankongen han slog de tavlbord sammen,
at alle de terning' de sjunge:
»Forbyde det Gud Fader i Himmerig,
at Dagmar skulde dø så ung!»

Der kongen han drog af Gullandsborg,
da fulgte hannem hundred svende,
og der han kom til Ringsted,
da fulgte hannem ikkun Dagmars dreng.

Der var ynk i fruerstue,
der alle de fruer de græd:
dronning Dagmar død' i liden Kirstins arm,
der kongen red op ad stræde.

Det var dannerkongen,
han ind ad døren tren:
det var liden Kirstin,
hun rækker hannem hånden igen.

'O listen King of Denmark,
No longer shall you cry,
We have brought forth a son this day,
Cut out of Dagmar's side.'

'I pray you maids and ladies,
For God's sake hear my plea:
Say a prayer for Dagmar's soul,
That she may speak to me.'

Queen Dagmar rose up from her bier,
Her eyes with blood were black:
'Alas, alas, my noble lord,
Why have you called me back?

The first request I beg of you,
This will I gladly see:
A truce to every outlawed man,
And set each prisoner free.

The second thing I beg of you,
It will be for your gain:
Take not Bengaerd for your wife
She is an evil bane.

»Og hør I, dannerkongen,
I skal hverken sørge eller kvide:
vi haver fanget en søn i dag,
haver skår'n den af Dagmars side.«

»Jeg beder eder alle, jomfruer og møer,
beder eder for Guds skyld så gerne:
I beder en bøn for Dagmars sjæl,
at hun måtte med mig tale!«

Dronning Dagmar rejser sig af båren op,
hendes øjen var blodige røde:
»O ve, o ve, min ædelig herre!
hvi gjorde I mig den møde?

Den første bøn, der jeg eder beder,
den vider I mig så gerne:
all' fredløs' mænd dem giver I fred,
og lader alle fanger af jern!

Den anden bøn, der jeg eder beder,
den kommer eder selv til fromme:
I tager ikke ved Bengerd!
hun er så besk en blomme.

The third request I beg of you,
This will I gladly see:
Pray let Canute, my youngest son,
The King of Denmark be.

Should you forbid my youngest son
The Danish King to be:
Bengaerd will bear another son
And force my son to flee.

On Sundays had I not laced my sleeves
And put my head dress on:
I would not through the fire go,
The night and day so long.

Hearken to me my noble Lord,
If you will hear my plea:
In heaven sit all God's angels,
And there they yearn for me.'
In Ringsted rests Queen Dagmar.

Den tredje bøn, der jeg eder beder,
den vider I mig så gerne:
lader I Knud, min yngste søn,
og konning i Danmark være!

Og lader I Knud, min yngste søn,
ej kong' i Danmark blive,
da skal Bengerd en anden føde,
og den skal min forøde.

Og havde jeg ikke min' ærmer om søndag snørt,
og ikke striger på sat,
da havde jeg ikke i pinen brændt
og hverken dag eller nat.

Hør I det, min ædelig herre,
vil I mere af mig vide:
der sidder Guds engel i Himmerig,
de monne fast efter mig lide.»
I Ringsted der hviler dronning Dagmar.

The Murder of Erik Klipping
Erik Klippings Drab

Many a man in Denmark,
For Lordly power strives,
And so they ride down to Ribe town,
Their new clothes there to buy.
Now the country is in danger.

There they got their new clothes cut,
Each put a monk's cowl on:
And then they rode up through the land
To do their master wrong.

They rode into the peasant's farm,
Each had a sharpened spear,
All of them wore grey cowls,
That none should know them there.

Into the barn they rode their mounts
Where candles shone around
They searched about them for the King
And he was quickly found.

The spears they plunged into his heart
Came out beneath his arm:
'Now we have done the deed, my friends,
That will do Denmark harm.'

When the King's young squire saw
His master thus cut down,
He saddled up his horse at once
And rode into the town.

The Queen sits in the castle hall
And looks out far and wide:
'Here comes the King's young squire,
So quickly does he ride.

Der er saa mange i Danmark,
som alle vil Herrer være:
de ride dem til Ribe,
og lod dem Klæder skære.
Nu stander Landet i Vaade.

Saa lod de dem Klæder skære,
og alle i Munkelige ;
saa red de dem op i Land,
deres rette Herre at svige.

De red i den Bondes Gaard
med skarpe Spær i Hænde;
alle havde de graa Kolhætter paa,
at ingen Mand dem kendte.

De rede dem i Laden ind,
som Vokskerter stod og brunde,
de ledte op den unge Konge,
saa usen de ham funde.

De stak ham gennem Hærde,
stod ud af venstre Side :
»Nu har vi den Gerning gjort,
al Danmark bær for Kvide.«

Det da saa den liden Smaadreng,
sin Herre han lidde den Kvide;
han lagde Sadel paa Ganger sin;
han lod ikke længer lide.

Dronningen sidder i Højeloft,
og ser hun ud saa vide :
»Nu ser jeg den liden Smaadreng,
saa hastelig monne han ride.

He rides upon the King's own horse,
I fear a great disaster:
O, dear God in heaven above,
Where is my Lord and master?'

Then entered in the King's young squire,
And thus he spoke in anger:
'My Lord lies dead in a peasant's barn,
The country is in danger.

My master has been put to death,
May God protect his soul,
And guard the head of young King Erik
Who Denmark shall control.'

'Although the news that you have brought
Is the worst that you could give,
You shall be given clothes and food
While both of us still live.'
Now the country is in danger.

Han rider nu min Herres Hest,
jeg ræddes for Sorg og Kvide;
raade Gud Fader udi Himmerig,
hvor min kære Herre monne lide.«

Ind da kom den liden Smaadreng,
og sagde hende derfraa:
»Min Herre han er i Laden vejt,
og alt Landet staar i Vaade.

Min Herre er slagen ihjel,
Gud hans Sjæl vel naade!
forvarer vel eders unge Søn,
al Danmark skal styre og raade.«

»Det skal du have for Tidingen,
dog de er ikke gode:
Klæde og Føde i Kongens Gaard,
imedens vi lever baade.«
Nu stander Landet i Vaade.

Niels Ebbesen
Niels Ebbesen

The Count marched into Denmark, With a following so strong, Of eight hundred soldiers, So none dared do him wrong.	Greven drog i Danmark ind, ham fulgte saa faver en Skare: fire Bannere og firsindstyve, hvo turde imod ham fare!
The Count rode into Randers, And followed good advice, Though it had been long foretold That there he'd lose his life.	Greven skulde til Randers ride, og did lod han sig raade; det var ham for lange spaaet han skulde sit Liv der lade.
That did not deter the Count To put his fate on trial, Knights and squires, peasants and serfs, He wished to see the while.	Ikke vil han det lade fordi, end vilde han det friste; Riddere og Svende, Bønder og Bomænd dem vilde han hjemme gæste.
The Count told Niels Ebbesen To meet him face to face, With peace and a safe passage Granted to the meeting place.	Greven sendte Niels Ebbesen Bud, at han skulde til ham ride; han sagde ham Fred og Felighed nu ad den samme Tid.
The Count met Niels Ebbesen Out at Randers strand: 'Welcome Niels Ebbesen, How fares your native land?	Greven mødte Niels Ebbesen ude ved Randers Strande: »Vær velkommen, Hr. Niels Ebbesen, og hvor gaar dig til Hande?
Listen Niels Ebbesen, Have you been home of late, How are the North Jutlanders, Your wife and your estate?'	Hør du det, Niels Ebbesen, og var du snimen hjemme? Hvor saa lider de Nørrejyder og saa dine rige Frænder?«
'I have in Northern Jutland, Both friends and kinsmen true, They will do your bidding now, If you would wish them to.'	»End har jeg i Nørrejylland baade Frænder og Maage; de skulle eders Naade tilrede være, ihvort I vil dem have.«

'Niels Ebbesen, you are a cunning man,
And a pious man beside,
And what you cannot get straightway,
The long way round you ride.

Listen, Niels Ebbesen,
Will you run an errand for me?
Many men you have with you
Of trust and loyalty.'

'Well, I have forty men to hand,
Such as they may well be,
And whether there be more or less,
They are all dear to me.'

'If you have forty men to hand,
With that I am content,
But last night at Sir Bugge's farm,
One hundred men were sent.'

Niels Ebbesen drew in his breath,
And gave a prompt reply:
'Who among the knights and squires,
Has told you such a lie?

Whether it is man or woman
Who dares to tell that lie,
I shall never leave this place,
Before I give reply.'

'Listen, Niels Ebbesen,
No more of that we'll speak,
Ride now to Sir Bugge's farm,
And there his friendship seek.'

'If I must run this errand,
And to Sir Bugge ride,
What would you have me say to him,
When I stand by his side?'

'Sir Bugge has renounced me,
And young Poul Glob as well,
Sir Anders Frost is another one,
A leader, I hear tell.

»Niels Ebbesen, du er en kunstig Mand,
og dertil er du from:
hvor du kan ikke over komme,
der rider du langt derom.

Hør du det, Niels Ebbesen,
vil du mit Ærinde bort ride?
mange Svende har du med dig,
der du maa vel paa lide.«

»End har jeg fyrretyve Karle med mig,
saadan som de ere;
hvad heller de er flere eller færre,
end har jeg dem fuld kære.«

»Har du fyrretyve Karle med dig,
da er det vel til Maade;
igaar red du i Hr. Bugges Gaard
med hundred Mænd i Plade.«

Det var alt Niels Ebbesen,
han var saa brad til Svar:
»Er her enten Riddere eller Svende,
der har mig den Løgn paa sagt?

Er det enten Mand eller Kvinde,
paa mig det sige vil,
jeg vil ret aldrig flytte en Fod,
før jeg vil svare dertil.«

»Hør du det, Niels Ebbesen,
vi ville der ikke mer om tale;
du rid til Hr. Bugge,
om han vil Venskab have.«

»Skal jeg alt eders Ærinde
til Hr. Bugge ride,
da giver I mig tilkende,
hvad jeg skal hannem sige.«

»Hr. Bugge han har mig undsagt,
og saa hin unge Poul Glob,
Hr. Anders Frost er og en af dem,
og er fremmerst i det Raad.«

Even though I've shown goodwill
They have renounced me too,
And if you trust Sir Bugge's word
You'll see what will ensue.'

'Sir Bugge I know nothing of,
Nor what he plans to do,
Anders Frost has faithful been,
None knows that more than you.

Anders Frost has faithful been,
None knows that more than you,
And if he wants to take his leave,
Why should he not so do?

The custom is in Denmark's land,
And ever has been so,
A squire who wishes not to serve
May take his leave and go.'

When Count Gert heard this reply
It did not please his ear:
'No squire should his master leave,
If he wants him near.'

'None is loyal to another,
Save the monk and his piety,
A squire comes, a squire goes
To wherever he wants to be.'

'Niels Ebbesen you talk too much
And always against me,
Either you leave Denmark now,
Or I'll hang you from a tree.'

'If I should flee from Denmark,
From my family's embrace,
You surely will regret the day
You ever saw my face.'

'Leave me now, Niels Ebbesen,
I'll listen to you no more,
Or I will use my armour on you,
Of that you can be sure.'

End flere jeg har til Vilje været,
de vil mig nu forsmaa;
I lide fast paa Hr. Bugges Raad,
I ser, hvor det vil gaa.«

»Hr. Bugge ved jeg intet af,
hvad som han vil gøre;
Anders Frost har været eders Tjener saa tro,
aldrig skal I andet spørge.

Anders Frost har været eders Tjener tro,
aldrig skal I andet spørge;
vilde han Orlov af eder tage,
hvi maatte han det ikke gøre?

Det er saa Sæd i Danmark,
har været af gamle Dage:
naar en Svend ikke længer tjene vil,
da maa han Orlov have.«

Da svarede Greve Hr. Gert,
ham lyster det ikke at høre:
»Der maa ingen Svend fra sin Herre ride,
den Stund han lyster ham at føre.«

»Der er ingen tilsammen viet
uden Munken og hans Kappe:
Hovmand rider, og Hovmand kommer,
hvor han kan tjene til Takke.«

»Niels Ebbesen, du taler mig fast imod,
og du snakker alt for længe:
Du skal enten Danmark rømme,
eller jeg skal lade dig hænge.«

»Skal jeg ud af Danmark rømme
fra Hustru og Børn saa smaa :
usen skal I sige deraf,
at I mig nogen Tid saa.«

»Rid du bort, Niels Ebbesen,
jeg vil dig ikke høre;
eller jeg bryder mit Lejde over dig,
som jeg tør fuldvel gøre.«

'You never saw me so scared
That I did shake with fear,
Listen, Count Gert, guard yourself,
I warn you now right here.'

'Niels Ebbesen, you challenge me,
As you before have done,
I grant you now safe passage
Till setting of the sun.'

Away rode Niels Ebbesen,
And gestured with his hand:
'Count Gert, remember, I will be back,
And before you once more stand.'

»Aldrig saa I mig saa ræd,
jeg turde jo fuldvel skælve:
Grev Hr. Gert, I ser vel til,
og mandeligen vogter eder selve.«

»Niels Ebbesen, du snakker mig fast imod,
saa har du og gjort tiere:
du skal felig for mig være,
til Solen gaar til Hvile.«

Heden da red Niels Ebbesen,
slaar op med hviden Hand:
»I lader eder mindes det,
jeg kommer fuld snart igen.«

As Niels Ebbesen rode away,
His horse he keenly spurred,
Behind him stood the Count's men,
Not a single one had stirred.

So Niels Ebbesen rode away
And came to his own farm,
And there he asked his dear wife
To counsel him from harm.

'Listen to me my dear wife,
Give good advice to me,
The Count has threatened me again,
To hang me from a tree.

Two hard choices he gave me,
And the third was hard as stone ,
I must now leave Denmark,
And everything we own.'

Saa red han ad Vejen frem,
han hug sin Hest med Spore:
efter stod Greven med alle sine Mænd,
ingen efter ham turde.

Det var alt Niels Ebbesen,
og han kom ridende i sin egen Gaard;
ude stod hans kære Hustru,
han spurgte hende om gode Raad.

»Hør du det, min kære Hustru,
du skal mig gode Raad kende:
Greven han har mig undsagt,
han siger han vil lade mig hænge.

Tvende Kaar lagde han mig for,
det tredje var ikke godt:
det jeg skulde ud af Danmark rømme
fra alt det Gods, vi aatte.«

'What counsel can I give you,
A poor woman such as I?
The worst might be the best for you,
If you could find out why.

The worst advice might be the best,
If you could find out why:
Either kill him in a fight,
Or in a fire die.

Go now to the blacksmith,
Get him your horse to shoe;
Make all the shoes fit backwards,
Is my advice to you.

Fit all the shoes on backwards,
So your tracks they cannot find,
And never say that this advice
Came from a woman's mind.'

'Eat and drink my good men,
Enjoy yourselves this night,
For when the night is over,
We will greet the morning light.

Not before the sun comes up
Will news be brought to me,
And then I'll find out which of you
Will from his master flee.'

Up then stood the brave men
And spoke their minds so true:
'We will ride beside you now,
And risk our lives for you.'

So they rode to Fruenlund,
And tied their horses there,
And then they entered Randers town
To visit Count Gert's lair.

Niels Ebbesen, on Randers bridge,
Spoke to his men below:
'He who will not serve me here,
May take his leave and go.'

»Hvad Raad skal jeg eder kende?
Jeg er en fattig Kvinde:
de værste Raad de bliver eder bedst,
om I kunde paa dem finde.

De værste Raad er eder al-bedst,
om I kunde paa dem finde:
enten Greven ihjel at slaa,
eller ham inde at brænde.

I lader eders Hest til Smedje gaa,
saa inderlig vel beslaa;
alle Hagerne vende frem,
det giver jeg eder for Raad.

Alle Hagerne vende frem,
paa Sporet de eder ikke kende;
I lader det ingen Mand vide,
det Raad gav eder en Kvinde«

»I æder og drikker, I Dannesvende,
I gør eder fuldglade!
først denne Nat forgangen er,
da fanger vi Dagen i Stad.

Dagen kommer ikke, før Solen skin,
saa faar vi Tidende ny;
saa vil jeg paa mine Svende se,
hvilken fra sin Herre vil fly.«

Op da stod de Dannesvende,
de svared deres Herre saa fri:
»Vi vil med eder ride,
vove baade Gods og Liv.«

Saa red de til Fruerlund,
der bunde de deres Heste;
saa ginge de i Randers ind,
Grev Gert ham vilde de gæste.

Det var Niels Ebbesen,
han kom til Randers Bro:
»Hvilken mig ikke tjene vil,
og han tage Orlov nu.«

Up then spoke young Svend Trost,
Most trusted of his force:
'My master, give me leave, I pray,
And saddle up my horse.'

His leave was swiftly granted,
And the horse he did request,
That very day before night fell,
He served his master best.

Then Niels Ebbesen
Knocked on the door within:
'Stand up now, young Count Gert,
Stand up and let me in.

Stand up, stand up, young Count Gert,
And lend me now your ear,
I am Duke Henrik's messenger,
And he has sent me here.'

'Are you Duke Henrik's messenger?
Do not wait, farewell;
Meet me tomorrow at the church
Between mass and matins bell.'

'Listen to me, young Count Gert,
Do not delay now, sire,
Ribe buckles under siege
And Kolding is on fire.

Ribe buckles under siege
And Kolding burns so red,
And I must tell you, now, in truth,
Niels Ebbesen is dead.'

'If it is true what now you say
No better news could you give,
Horses and clothes will be yours
For as long as we shall live.'

The Count looked out of the window,
Saw spears ranged far and wide:
'I never should to have Denmark come,
Niels Ebbesen is outside.'

Frem gik da han liden Svend Trøst,
ham troede han allerbedst:
»Min Herre, I giver mig Orlov,
og dertil Sadel og Hest.«

Han begærede Orlov
og dertil Sadel og Hest;
den samme Dag førend Aften
han tjente ham allerbedst.

Det var Niels Ebbesen,
han klapper paa Døren med Skind:
»I staar op, unge Greve Gert,
I lade mig til eder ind.

I staar op, Greve Gert,
I lader mig til eder ind!
Jeg er Hertug Henriks Bud,
han har mig til eder sendt.«

»Er du Hertug Henriks Bud,
du lad dig ikke forlange;
du mød mig i Morgen i Brødre-Kloster
mellem Messe og Ottesang.«

»Hør I det, Greve Gert,
I dvæler ikke forlænge:
Ribe det er bestoldet,
Kolding det er brændt.

Ribe det er bestoldet,
og Kolding det er brændt;
det vil jeg for Sandingen sige,
Niels Ebbesen han er hængt.«

»Er det Sanden, du siger mig,
da er det Tidende gode:
Hest og Klæder udi min Gaard
den Stund vi lever baade.«

Greven ud af Vinduet saa,
han saa de blanke Spjude :
»Saa usen jeg til Danmark kom,
Niels Ebbesen holder herude.«

They broke the door with shields and spears,
Broke every lock and chain:
'Are you inside Count Gert?' they cried,
'We want to toast you again.'

'Now, sit down Niels Ebbesen,
So that we can agree,
Let us send for Duke Henrik,
And Sir Claus Krummedige!'

'You did not say that yesterday,
When out at Randers strand,
You said that you would have me hanged,
Or I should leave the land.'

De stødte paa Dør med Skjold og Spjud,
de Nagler ginge alle i Stykke:
»Er du herinde, Grev Gert,
vi vil dig en Skaal tildrikke.«

»Sid du neder, Niels Ebbesen,
vi vil os bedre forlige:
sende vi Bud efter Hertug Henrik
og Hr. Klaus Krummedige!«

»Ikke sagde du saa igaar
alt ude ved Randers Strand;
du sagde, du skulde enten lade mig hænge,
eller jeg skulde rømme af Land.«

Up then spoke one of the men,
Known as the brave black Knight:
'Let us put an end to words,
And let the sword blades bite!'

'I have no land or castle strong,
To give the rich Count Gert,
So do not spare the sharpened swords,
And let them do their work!'

And so they hauled Count Gert up,
Up by his golden hair,
And then they cut his head clean off,
Right by the bedpost there.

They beat their drums so loud,
When the Count was cut down.
And then Niels Ebbesen
Wanted to leave the town.

The sheep bleat, the geese hiss,
The cocks crow on the farms,
Sir Ove Hals is mad with rage
From Holstein he wants arms.

Off then went Niels Ebbesen,
He wants to ride away,
After him rode Sir Ove Hals
Who wanted him to stay.

'Listen now, Sir Ove Hals,
My brother-in-law so true,
You must not do me any harm,
But let me flee from you.'

'I know, indeed, that you are
My brother-in-law so true,
But you have put my Lord to death
So that I could not do.'

Niels Ebbesen drew his sharp sword,
And would not then give way,
Sir Ove Hals and many Germans,
Met with their death that day.

Svared det den sorte Svend,
for han var ikke hvid:
»Lægge vi neder den lange Tale,
vi lader de Sværde bide!«

»Ikke har jeg Slot eller Len,
at gemme saa rig en Fange;
I spare nu ikke de skarpe Sværd,
I lader dem fast gange!«

Saa tog de Greve Hr. Gert
alt udi sin gule Lok;
saa hugged de ham Hovedet fra
alt over den Sengestok.

Den Tid Greven han var død,
og da slog de paa deres Tromme;
det var Niels Ebbesen,
af Byen vilde han gange.

Faaret bræger, og Gaasen kæger,
og Hanen galer paa Halle:
Hr. Ove Hals blev halv mere vild,
paa de Holster monne han kalde.

Heden gaar Niels Ebbesen,
han vilde af Byen fly;
efter gaar Hr. Ove Hals
han vilde ham det forbyde.

»Hør du, Hr. Ove Hals,
lad du mig nu fare!
Du ved, du er min Svoger,
du maatte mig intet skade.«

»Alt ved jeg det fuldvel
jeg skulde din Svoger være:
nu har du slaget min Herre ihjel,
jeg maa det ikke gøre.«

Niels Ebbesen brugte sit gode Sværd,
han vilde ham intet vige;
Hr. Ove Hals med Tyske fler
de maatte der lade deres Liv.

And then Niels Ebbesen,	Det var Niels Ebbesen,
At Randers Bridge arrived,	han kom til Randers Bro;
There stood little Svend Trost,	der stod liden Svend Trøst,
Who before had left his side.	som førre Orlov tog.

Niels Ebbesen rode over the bridge	Niels Ebbesen gaar over Randers Bro,
Chased by hordes of men,	de løbe efter ham saa fast;
Behind him little Svend Trost	efter gaar liden Svend Trøst,
Destroyed the bridge right then.	Broen han efter ham kaste.

Niels Ebbesen went to his horse,	Niels Ebbesen han tren til sin Hest,
To Noringris to ride,	til Noringsris monne han ride;
And as he rode, in truth I say,	det vil jeg for Sandingen sige:
Much grief he bore inside.	han havde baade Angst og Kvide.

An aged woman he rode to,	Saa gæsted han en Kjærling,
Who had two loaves of bread,	hun havde ikke uden to Leve:
One she gave to Niels Ebbesen	den ene gav hun Niels Ebbesen,
For now the Count was dead.	for han slog den kullede Greve.

God save your soul, Niels Ebbesen,	Gud naade din Sjæl, Niels Ebbesen!
Your life you put at stake,	om du i Live var:
For many Germans in Denmark	saa mangen Tysk i Danmark
The road to death must take.	den samme Vej skulde gaa.

Conflicts between Love and Family

Konflikter mellem kærlighed og slægtsvilje

Ebbe Skammelson
Ebbe Skammelsøn

Skammel lives up in Thy,
On a rich man's fine estate,
His five sons are noblemen,
But two met a dreadful fate.
And thus roams Ebbe Skammelson
so many wild ways.

Ebbe serves at the King's court,
Earns cattle and gold withal,
Peter, his brother, builds a ship
And raises a mast so tall.

Out in the middle of the yard
He put on his coat of fur,
Then went into the chamber
To see Lucielille there.

'Here you sit, young Lucielille,
Sewing Sir Ebbe's clothes,
Ebbe serves at the King's court,
And scorn for you he shows.'

Lucielille then answered,
And spoke her mind so free:
'He does not scorn a maiden proud,
Nor would he thus scorn me.'

'Arise, arise, young Lucielille,
Give me your hand so dear,
In truth I tell you when I say
That Ebbe died last year.'

Lucielille then answered,
And spoke her mind so free:
'That will do more harm to you,
Than it will do to me.'

Skammel bor i Ty,
baade rig og øvert kaad;
saa høviske har han Sønner fem,
de to fores ilde ad.
Fordi træder Ebbe Skammelsøn
saa mangen Sti vild.

Ebbe han tjener i Kongens Gaard
baade for Guld og Fæ;
Peder, hans Broder, lader bygge et Skib,
han rejser op Sejletræ.

Midt udi den Gaarden,
der aksler han sit Skind;
og saa gaar han i Højeloft
for Jomfru Lucielille ind.

»Hil sidder I, Jomfru Lucielille,
I syer Hr. Ebbes Klæder;
Hr. Ebbe tjener i Kongens Gaard,
han spotter eder og hæder.«

Det svared Jomfru Lucielille,
og svared hun for sig:
»Han spotter ingen stolt Jomfru,
end halve sider mig.«

»Staar op, Jomfru Lucielille,
I giver mig eders Tro;
det vil jeg for Sandingen sige,
det Ebbe døde i Fjor.«

Svared det Jomfru Lucielille,
og svared hun for sig:
»Halve mere Skade faar I deraf,
end jeg venter mig.«

'Listen now, young Lucielille,
Give Peter your hand so dear,
In truth I tell you when I say
That Ebbe died last year.'

And on that selfsame evening,
Their troth they celebrate,
And then, before the month was out,
They set the wedding date.

And then Ebbe Skammelson,
At midnight he awoke,
He turned to his squire true
And of his dream he spoke.

'I dreamed that at my castle keep
The flames blazed far and wide,
And they burned my mother dear,
And my beloved bride.'

»Hør I det, Jomfru Lucielille,
giver Peder eders Tro;
det vil jeg for Sandingen sige,
det Ebbe døde i Fjor.«

Drukke de det Fæstensøl
og end den samme Nat;
Brylluppet end før Maanedsdag,
de raadte det isaa brat.

Det var Ebbe Skammelsøn
han vaagned om Midjenat;
og siger han sin næste Svend
af sin Drøm saa brat.

»Mig tyktes, at min Stenstue
stod al i lysen Lue;
der brændte inde min kære Moder
og saa min skønne Jomfrue.«

'Your dream that at the castle keep,
The walls were burning red,
Means that your brother Peter,
Your fairest bride has wed.'

And so Ebbe Skammelson
Went in to see the King,
And when he asked the King for leave
It was quickly granted him.

And then Ebbe Skammelson
Came riding into town:
'Where are all these people from
That are gathered here around?'

Up then stood a little girl,
In her tunic red:
'It is Peter your brother,
That your beloved has wed.'

And then Ebbe Skammelson,
Wished to leave straightway,
But his mother and his sisters two,
Begged him to stop and stay.

'Listen to me dear mother,
For I must ride away,
If I stay here for the night
You'll rue it every day.'

On one sister he pinned a brooch,
On the other he placed a ring.
These had been meant for Lucielille
While abroad he served the King.

His father called him to the hall,
To an honoured place to dine,
His mother gave him a golden jug
With which to pour the wine.

He poured out the sweet brown mead,
And then the wine so clear,
Each time he looked at the bride
He shed a bitter tear.

»Det I tykte, eders Stenstue
stod al i røden Glød,
det er: Peder, eders Broder,
har Bryllup med eders Fæstemø.«

Det var Ebbe Skammelsøn
han ind for Kongen gik;
beder han sig Orlov,
saa bradelig han det fik.

Det var Ebbe Skammelsøn,
han kom ridende i By:
»Hveden er dette møgle Folk,
her er samlet af ny?«

Svared det den lille Mø
alt i sin Kjortel rød:
»Det er Peder, eders Broder,
har Bryllup med eders Fæstemø.«

Det var Ebbe Skammelsøn,
han vilde af Gaarden ride;
hans Moder og hans Søstre to,
de bad ham holde og bie.

»Hør I det, min kære Moder,
I lader mig nu ride;
og bier jeg i Aften,
her bliver stor Angst og Kvide.«

Den ene sin Søster gav han Guldbrase i Bryst,
den anden Guldringen af Hand;
det havde han Jomfru Lucielille agtet,
han tjente i fremmed Land.

Hans Fader bad ham i Salen gaa,
sidde paa de øverste Bænke;
hans Moder fik ham Kande i Haand,
bad ham gaa at skænke.

Skænkte han den brune Mjød
og saa den klare Vin;
hver Tid han til Bruden saa,
da randt ham Taare paa Kind.

Up then spoke the ladies,
At the highest seats they dine:
'Why does Ebbe Skammelson
So sadly pour the wine?'

'There you sit and there you drink
The golden mead and wine,
I beg you talk of other things
Than this deep grief of mine.'

Early in the evening,
As the dew was all bespread,
The time came for the young bride
To seek the bridal bed.

And so they led the young bride
Toward the bridal bed,
In front went Ebbe Skammelson,
Bearing a torch ahead.

Then he led the sweet young bride
Up to the chamber door:
'Remember, now my dearest,
The promise that you swore.'

'The vow that once I gave to you,
Belongs now to your brother,
But all my days I'll care for you,
As if I were your mother.'

Then answered Ebbe Skammelson
As he shed a bitter tear:
'I wanted you to be my wife,
And not my mother dear.

Listen now, young Lucielille,
We must elope, we two,
My brother Peter I will kill,
And bear that pain for you.'

'Ebbe, you will lose me too,
If you kill your brother now,
And then you'll grieve yourself to death
Like a wild bird on a bough.'

Mælte det de Fruer
alt paa de øverste Bænke:
»Hvi mon Ebbe Skammelsøn
saa sørgende gaa at skænke?«

»I æder, og I drikker
Mjød og klaren Vin;
alt faa I andet at tale
end om Sorrigen min.«

Sildig om den Aften
Rimen han faldt paa;
og det var da den unge Brud,
hun skulde til Sengen gaa.

Ledte de den unge Brud
alt til sit Brudehus;
for gaar Ebbe Skammelsøn,
han bær for hende Blus.

Ledte han den unge Brud
alt ad den Højeloftsbro:
»Og drages eder det til Minde,
I gav mig eders Tro?«

»Al den Tro, jeg eder gav,
den har Peder, eders Broder;
alle de Dage jeg maa leve,
jeg vil eder være for Moder.«

Det svared Ebbe Skammelsøn,
ham randt Taare paa Kind:
»Jeg havde agtet eder til Hustru
og ikke til Moder min.

Hør I, Jomfru Lucielille,
I rømmer med mig af Land;
jeg vil slaa Peder, min Broder, ihjel
og lide for eder den Tvang.«

»Slaar I Peder, eders Broder, ihjel,
og siden skal I mig miste;
saa maa I sørge eder selv ihjel,
som vilden Fugl paa Kviste.«

And then Ebbe Skammelson Drew his sword from its sheath, It was the lovely Lucielille He struck down to her death.	Det var Ebbe Skammelsøn, han sit Sværd uddrog; det var Lucielille, han til Jorden vog.
Then he hid his bloody sword Beneath his coat of fur, And went up to the castle keep To see his brother there.	Saa tog han det blodige Sværd alt under sit Skarlagenskind; saa gik han i Stenstuen for Peder sin Broder ind.
'Listen, Peter Skammelson, You stay here far too late, An hour since your bride's abed, It's you she does await.	»Hør du, Peder Skammelsøn, og du tøver alt for længe; det er alt en Sejerstund, siden Bruden gik til Senge.
Listen Peter Skammelson, Be light of heart and true, The bride lies in her bridal bed, She is waiting there for you.'	Hør du, Peder Skammelsøn, du far alt med Leg; Bruden sidder i Brudeseng, bier dig efter bleg.«
'Listen, Ebbe Skammelson, Dear brother by my side, I promise you that on this night You'll sleep next to my bride.'	»Hør du, Ebbe Skammelsøn, og kære Broder min; jeg lover dig i denne Nat at sove hos Bruden min.«
And then Ebbe Skammelson His sword he did unsheath, And it was Peter Skammelson He struck down to his death.	Det var Ebbe Skammelsøn, han sit Sværd uddrog; det var Peder Skammelsøn, han til Jorden vog.
His father lost his left foot, His mother her right hand, And thus does Ebbe Skammelson Roam in a foreign land. *And thus roams Ebbe Skammelson so many wild ways.*	Hans Fader misted hans venstre Fod, hans Moder sin højre Hand; fordi træder Ebbe Skammelsøn saa vidt i fremmede Land. *Fordi træder Ebbe Skammelsøn saa mangen Sti vild.*

Torben's Daughter
and her Father's Slayer
Torbens datter
og hendes Faderbane

We were so many children small,
- Under the swale -
When our father from us did fall.
Comes the dawn
*   and the dew drifts over the dale.*

On Sunday evening they whetted their sword,
On Monday in anger they rode abroad.

They left the forest and rode on north,
Sir Torben was ploughing back and forth.

'Here is Sir Torben so fair and fine,
Now I will avenge that kinsman of mine.'

'I'll give you my land, I'll give you my farm,
And also my daughter with all her charm.'

'We have not come for your farm or land,
It is your heart's blood we demand.'

They hacked Sir Torben in pieces so small,
Like leaves that from the tree tops fall.

And then they rode to Sir Torben's farm,
There stood his daughter so full of charm.

There stood his daughter so fair and grand,
With a golden goblet in each hand.

She filled the goblets up to the brim,
Her father's slayer, she toasted him.

Vi vare saa mange Søskende smaa,
– under Lide –
saa aarlig faldt os Faderen fraa.
Der Dagen han dages,
*   og Duggen den driver saa vide.*

Om en Søndag ad Aften skured de deres Spjud,
om en Mandag ad Morgen rede de saa vrede ud.

Der de komme for norden Skov,
der gik Hr. Torben og holdt sin Plov.

»Her gaar du, Hr. Torben, favr og fin,
jeg vil nu have Bod for Frænde min.«

»Jeg vil give eder Hus og Gaard,
dertil min Datter, saa væn en Maar.«

»Vi er ikke kommen for Hus eller Jord,
men vi er kommen for dit Hjerteblod.«

Saa hugge de Hr. Torben saa smaa
alt som Løv, udi Lunden laa.

Saa rede de til Hr. Torbens Gaard,
ude stod hans Datter, den væne Maar.

Ude stod hans Datter, saa smal som en Vaand,
med et Guldkar paa hver sin Haand.

Hun skænked deri med Lyst og Spil,
hun drak først sin Faders Banemand til.

'O had I known that you were so good,
I would never have shed your father's blood.'

'If you have killed him, if he is slain,
You will have caused me the deepest pain.'

'If I have done you wrong before,
You shall have my fortune for ever more.'

He lifted her on to his steed so true,
And wrapped her around with his cape of blue.

And so they rode across the fen,
- *Under the swale* -
She never saw her father again,
Comes the dawn
and the dew drifts over the dale.

»Havde jeg vidst, du havde været saa god,
aldrig skulde jeg set din Faders Hjerteblod.«

»Og har I slaget min Fader til Død,
da har I gjort mig saa stor en Nød.«

»Har jeg nu ikke gjort vel mod dig,
da skal du herefter have saa godt som jeg.«

Han satte hende paa Ganger graa,
saa slog han over hende Kaaben blaa.

Saa red han over de sorte Heder,
– under Lide –
aldrig saa hun sin Fader mere.
Der Dagen han dages,
og Duggen den driver saa vide.

The Daughters avenge their Father
Døtre hævner fader

Sister unto sister spoke,
- *For the one who so loved me-*
'Sister will you not be wed?'
She lives under the greenwood tree.

'I will not marry,' the sister said,
'Till I avenge our father's death.'

'O how can we avenge our Lord,
We have no coat of mail or sword.'

'There are rich farmers in the dale,
They will lend us sword and mail.'

Each maiden strapped a sword to her side,
Then out to avenge their father they ride.

When they came to the rose-garden bower,
They met Sir Erland at that hour.

'You look as though you are newly wed,
Or you are riding to woo instead.'

'We are not married men, it's true,
But we have ridden forth to woo.'

'I can show you the way from here,
To two rich, orphaned maidens fair.'

'If they are rich as we hear tell,
Why don't you woo the maids yourself?'

'I dare not come within their sight,
Their brother I killed in a fight.

And I have struck their father dead,
And forced their mother into bed.'

'You may have struck our father dead,
But you lie about our mother's bed.'

Søster spurgte hun anden:
– *for den, der mig har lovet –*
»Vil du dig ikke mande?«
Hun bor under Skoven i-saa grønnen.

»Jeg vil mig ikke mande under Ø,
før jeg har hævnet min Faders Død.«

»Hvor skulde vi det hævne!
vi har hverken Sværd eller Brynje.«

»Her bor saa rige Bønder i By,
de laaner os Sværd og Brynje ny.«

De Jomfruer binder dem Sværd ved Side,
og saa lyster dem ud at ride.

Der de kom i Rosenslund,
der mødte dem Hr. Erland i samme Stund.

»Hvad heller er I to nygifte Mænd,
eller I rider at gilje end.«

»Ikke da er vi gifte Mænd,
men vi rider os at gilje end.«

»Da viser jeg eder op under Ø
til to saa rige faderløse Møer.«

»Meden de ere saa rige,
hvi lod du dem ikke bede?«

»Jeg det ikke torde,
for jeg har vejet deres Broder.

Og jeg har vejet deres Fader,
og jeg har sovet hos deres Moder.«

»Og haver du slaget vor Fader,
da lyver du paa vor Moder.«

Then, maiden-like, their swords they drew,
But like men they stabbed him through.

They hacked Sir Erland into pieces small,
Like leaves that in the orchard fall.

The maidens wept in deep despair,
As off they rode to fast and prayer.

But the penance they did that Sir Erland was dead
Was but three Fridays of water and bread.

Saa kvindelig de Sværd uddrog,
saa mandelig de til hannem hug.

De vog Hr. Erland i-saa smaa,
som de Løv, i Lunden laa.

Saa saare græd de skønne Jomfru',
der de skulde til Skrifte gaa.

De gav ikke andet for Hr. Erlands Død
end tre Fredage til Vand og Brød.

Nilus and Hillelil
Nilus og Hillelille

There rode the brave Sir Nilus,	Det var bolde Hr. Nilus,
And he rode down by the sea,	han red sig under Ø;
He was betrothed to Hillelil	fæsted han stolte Hillelil,
So fair a maid was she.	hun var saa væn en Mø.
They acted out a play	*De legte en Leg,*
and the play was full of anger.	*og Legen var alt udaf Vrede.*
They drank deep at their wedding,	Drukke de deres Bryllup
For five long days and nights,	vel i Dage fem;
And on the evening of the sixth	den sjette Dag ad Kvælde,
They followed home the bride.	da fulgte de Bruden hjem.
They saddled up their horses then	De lod sadle deres Heste
Their wagons they prepared,	og rede hendes Karm;
But when they rode out on the heath	der de komme paa Heden,
The storm was raging wild.	der blæser saa stærk en Storm.
'It is a dark and stormy night,	»Det blæser og det regner,
And the wind is bitter chill,	og Vejret det gøres kaldt;
Where may we find shelter this night,	siger mig, stolten Hillelil,
O, tell me Hillelil?	hvor vi skal slaa vor Tjald.
If we ride to Hoeringsholm	Rider vi os til Høringsholm,
It is so long a way,	det er saa langt af Led;
And we cannot ride to Fredelund	rider vi os til Fredelund,
For your uncle is angry with me.'	eders Morbroder er mig vred.«
'Let us ride to Fredelund	»Rider vi os til Fredelund,
And rest there for the night,	og ligger vi der udi Nat;
And if my uncle is at home,	er min Morbroder hjemme,
I promise peace this night.'	jeg gør eder fuldgod Sat.«
Into the yard Sir Nilus rode,	Det var bolde Hr. Nilus,
The farm he entered in,	han kom der ridende i Gaard,
Sir Peter stood and greeted them	ude staar Hr. Peder,
Wrapped in fur and skin.	han var vel svøbt i Maar.

'Here you stand, Sir Peter,
You are my uncle dear,
Give Sir Nilus shelter this night
And all his men now here.'

'God guard your head proud Hillelil
You did no fortune find,
A man that was far richer by half
For you I had in mind.'

'And had you found me a husband
Far richer by half than him here,
A long time, uncle, would you have searched
For a man that I loved so dear.'

'I will give him shelter tonight,
To him and his men so fine
But Sir Nilus knows, and knows full well,
That he killed a brother of mine.'

Then they led proud Hillelil,
Up to her chamber to sleep
And they led Sir Nilus and his men
To feast and to drink deep.

They filled the glasses to the brim
With mead and blood-red wine,
While outside Sir Peter armed himself
And all his men beside.

Then entered in Sir Peter bold,
On the table his sword he threw,
'O have you forgotten, Sir Nilus,
It was my brother you slew?'

'I know the truth of what you tell,
As if it were yesterday,
But I will your sworn brother be,
Until my dying day.'

'You may go in peace my friend,
You and all your train,
Except your sister's two fine sons
In my service shall remain.'

»Her staar I, Herre Peder,
og kære Morbroder min;
I laaner Hr. Nilus Hus i Nat
med alle sine Mænd.«

»Gud naade dig, stolten Hillelil,
saa lidt godt der du kan;
alt havde jeg dig agtet
en halv rigere Mand.«

»Det I havde mig agtet
en halv rigere Mand,
aldrig give I mig den,
jeg under saa vel som hannem.«

»Jeg vil laane ham Hus i Nat,
ham og alle sine;
saa vel véd bolde Hr. Nilus,
det han vejed Broder min.«

Saa fulgte de stolten Hillelil
i Højeloft at sove;
saa fulgte de bolde Hr. Nilus
udi den Borgestue.

Skænkte de bolde Hr. Nilus
baade Mjød og klare Vin;
ude gaar Hr. Peder,
væbner sig og alle sine.

Ind kom Herre Peder,
han kasted sit Sværd paa Bord:
»Mindes du det, Hr. Nilus,
at du vejed min Bror.«

»Det ved jeg saa gørlig,
som det havde sket i Gaar;
jeg vil eder for Broder staa,
den Stund jeg leve maa.«

»Du skal dig i Freden fare
med alle dine Mænd;
foruden dine Søstersønner to,
de skal her blive igen.«

Up then stood these heroes two,
With swords unsheathed they wait,
'My master, give us now your leave
To determine our own fate.'

Up and stood Sir Nilus,
And watched what did unfold,
Until his own two sister's sons
Were stretched out dead and cold.

'I have promised by the holy cross
Whereon our Lord did bleed,
I'd never draw sword on the Sabbath day
Except in direst need.'

Up and stood Sir Nilus
And drew his sword so bright,
And indeed, I must now tell you true
It was a bloody sight.

There was brave Sir Nilus,
His blood was never spilt,
Until the blade of his bright sword
Was broken at the hilt.

With pillows and a bolster blue
He parried every blow,
Until outside the banquet hall
One sword thrust laid him low.

Then said brave Sir Nilus,
In sorrow and great pain:
'Come forth, come forth, proud Hillelil,
It's time to ride again.'

And then the brave Sir Nilus,
Mounted on his steed,
And rode apace to Hoeringsholm
In mortal pain indeed.

And then the brave Sir Nilus
The courtyard entered in
And by the gate his sister stood
Wrapped in a fine furskin.

Op da stod de Helte to,
de gjorded dem med deres Sværd:
»Min Herre, I giver os Orlov,
selv ville vi raade vor Færd.«

Alt stod Herre Nilus
og saa han derpaa:
til hans Søstersønner to
de døde paa Jorden laa.

»Det loved jeg paa den hellige Grav,
som Vorherre taalte Død:
jeg skulde aldrig mit Sværd om Søndag drage,
foruden mig trængte stor Nød.«

Op stod Hr. Nilus,
og han sit Sværd uddrog;
det vil jeg for Sandingen sige,
saa mandelig han hug.

Det var Herre Nilus,
og han hug alt saa fast,
saa længe til hans gode Sværd,
det sønder i Hjaltet brast.

Han værged sig med de Hynder
og med de Bolster blaa;
udenfor den Stuedør,
der fik han sit Banesaar.

Det mælte Herre Nilus
baade med Sorrig og Kvide:
»Kommer nu, stolten Hillelil,
det er nu Tid at ride.«

Det var Herre Nilus,
satte sig til sin Hest;
saa red han til Hørringsholm,
som han kunde allerbedst.

Det var Herre Nilus,
han kom der ridende i Gaard;
ude stod hans kære Søster,
hun var vel svøbt i Maar.

'Welcome to you, dear brother,
But why alone do you ride
And where are my two sons so dear
Who should be at your side?'

'I rode on to Fredelund
For Hillelil wished it so,
There your two dear sons remain,
And I took a fatal blow.

O, listen now my sister dear,
Make ready my bed for me,
And be a mother to proud Hillelil
For the fairest woman is she.'

'How can I be to proud Hillelil
A mother both proud and good?
Because of her I lost my two sons
And my brother is drenched in blood.'

O loud they wept in the chamber,
There was bitterness in the farms,
When they heard that brave Sir Nilus
Lay dead in his sister's arms.

There died brave Sir Nilus
And deep tears of grief were cried:
Proud Hillelil held him in her arms
And died, too, at his side.
They acted out a play,
    and the play was full of anger.

»Velkommen, min kære Broder,
og hvi rider du saa ene;
hvor er mine Sønner to,
som dig skulde idelig tjene?«

»Jeg red mig til Fredelund
alt med stolt Hillelils Raad;
der blev dine Sønner to,
selv fik jeg Banesaar.

Hør du, min kære Søster,
og lad du rede min Seng;
og vær stolten Hillelil i Moders Sted,
hun er en Frue saa væn.«

»Hvor da skal jeg blive
stolt Hillelille god;
for hende misted jeg mine Sønner to,
og min Broderi sit eget Blod.«

Det var Ynk i Højeloft
og halv mere Harm;
det var bolde Hr. Nilus,
han døde i sin Søsters Arm.

Død blev Herre Nilus,
det var stor Angst og Kvide;
stolt Hillelil lagde sig i hans Arm,
hun døde alt hos hans Side.
De legte en Leg,
    og Legen var alt udaf Vrede.

Hillelil's Sorrow
Hillelilles sorg

In her bower sits Hillelil
- *None knows my sorrow save God* -
She sews her seam so ill.
There is none living to whom I may tell my woe.

She sewed with silken thread her seam,
When she should sew with gold a-gleam.

She sewed with golden thread a-gleam
When she should sew with silk the seam.

And then unto the Queen they go:
'So badly Hillelil does sew.'

The Queen put on her cloak of fur,
And went to her chamber to Hillelil there.

'Now, listen to me, young Hillelil
Why do you sew your seam so ill?

You sew like one in deep distress
Who has foregone all happiness.'

'My gracious Lady, sit by me,
And all my griefs I'll tell to thee.

My father was a King supreme,
My mother was a noble Queen.

My father loved and honoured me,
Twelve knights always watched over me.

But one of the knights so bold and free,
Did lure my honour away from me.

He was the knight called Hildebrand,
Son of the King of Engeland.

Upon two horses our gold did we lay,
And on the third we rode away.

I Bure sidder hun Hille,
– *min Sorg ved ingen uden Gud* –
hun syr sin Søm saa vilde.
Og den lever aldrig til, jeg maa forklage min Sorg.

Det syed hun med Silke,
som hun med Guld skulde virke.

Og det syed hun med Gulde,
som hun med Silke skulde.

Der gik Bud for Dronningen ind:
»Saa ilde syr Hillelil Sømmen sin.«

Dronningen svøber sig Hoved i Skind,
saa gaar hun i Loft for Hillelil ind.

»Hør du det, Hillelille:
hvi syr du dine Sømme saa vilde?

Ligesaa syr du dine Sømme
som den, sin Glæde monne glemme.«

»Min naadige Frue, sidder hos mig:
al min Sorrig jeg siger for dig.

Min Fader havde en Kongevold,
min Moder hun var en Dronning bold.

Min Fader lod mig saa herlig sømme:
tolv Riddere skulde mig vogte og gemme.

Siden lod jeg mig lokke:
en Ridder ud af den Flokke.

Han hed Hertug Hildebrand,
Kongens Søn af Engeland.

Saa lagde vi Guld paa Gangere to,
den tredje red han og jeg selver paa.

As darkness fell we came in sight	Saa kom vi om Kvælde,
Of a place where we could bide the night.	der som vi lyste at dvæle.
At dead of night we knocked the door,	Om Natten kom der Slag paa Dør,
My seven brothers stood before.	mine syv Brødre var der for.
Hildebrand touched my cheek so white:	Hildebrand klapped mig ved hviden Kind:
'Speak not my name, my heart's delight.	»Nævner ikke mit Navn, Allerkæreste min!
And though you see my blood run red,	I-naar du ser mig bløde,
Speak not my name, or I am dead.'	du nævn mig ikke til Døde.«
Out through the door leapt Hildebrand,	Hildebrand ud ad Døren løb,
His sword he flourished in his hand.	sit gode Sværd han for sig skød.
And when bold Hildebrand attacked,	Han hug i den første Flok
My seven brothers down he hacked.	mine syv Brødre med gule Lok.
He then hacked down in a second fight	Han hug i den anden Skare
Eleven kinsman, and my father that night.	mine elleve Svogre og min Fader.
'Hildebrand, Hildebrand, hold up your sword,	»Stiller eder, stiller eder, Hildebrand!
Hold now, I say, in the name of the Lord.	I stiller eder i Vorherres Navn!
O let my youngest brother live,	I lade min yngste Broder leve,
And these words of woe to my mother give.'	han kan min Moder de Tidender føre!«
No sooner had these words been said,	Næppe var de Ord udtalt:
With eighteen wounds he fell down dead.	med atten Saar han til Jorden faldt.
My brother took my pale white hand,	Min Broder tog mig ved hviden Haand,
And bound me to his saddle band.	saa bandt han mig ved sit Sadelbaand.
He took me by my golden hair,	Han tog mig i gule Lok,
To the saddle band he bound me there.	han bandt mig ved sin Sadelknap.
There never was seen a stream so wide,	Aldrig var der saa dyb en Dam,
That his horse did swim from side to side.	min Broders Hest jo over svam.
There never was seen so small a root	Aldrig var der saa liden en Rod,
That was not stained by my foot.	den stod jo i Blodet af min Fod.
And when to the castle gate we came,	Der han kom til Borgeled,
There stood my mother in grief and pain.	min sorrigfuld Moder hun stod derved.
My brother would have murdered me,	Min Broder vilde mig kvæle,
My mother would have sold me over the sea.	min Moder vilde mig sælge.
They sold me for a bell, that hour,	De solgte mig for en Klokke,
That hangs up in St Mary's tower.	den hænger i Marri Kirke.

My mother's heart it broke in two
Before she spoke her grief and woe.

When first the bell began to ring
Dead she lay, in the arms of the Queen.

Before she could tell her grief and dread
- *None knows my sorrow save God -*
Beside the Queen she lay there dead.
There is none living to whom I may tell my woe.

Den første Lyd, der Klokken fik,
min Moders Hjærte sønder gik.«

Før hun fik udsagt sin Angst og Harm,
da sad hun død i Dronningens Arm.

Før hun fik udsagt sin Sorrig og Kvide,
– *min Sorg ved ingen uden Gud* –
da laa hun død ved Dronningens Side.
Og den lever aldrig til, jeg maa forklage min Sorg.

Valdemar and Tove
Valdemar og Tove

Tovelil lives in her father's care,
Two maidens stand and brush her hair.
In truth, King Valdemar loves them both.

Two maidens stand and brush her hair,
Two others place gold jewels there.

Two others place gold jewels there
Two more hold a mirror for her.

Two dress her in scarlet robes so fair
Two others follow her everywhere.

The King stood by and gazed at this sight,
And his heart soon stirred with joy and delight.

He sent five squires to bring her to him,
But Tovelil would not follow them.

So he sent nine squires to fetch her to him,
But Tovelil would not follow them.

The Danish king would not be denied,
And sent his horse to be at her side.

And there they dance in the court of the Queen,
And many fair maidens there are seen.

They dance four and five in a ring,
While proud Tovelil sang for them.

The dance is trod by eight by nine
While Tovelil then sang a rhyme.

The Queen, who at the window stood,
Saw Tovelil trample her silks under foot.

'Listen, now Tovelil, my sweet,
Lift up your silks from under your feet.'

Tovelil står i henders faders gård,
der står to møer og børster hendes hår.
Med råde. – Kong Valdemar han lover dem både.

Der står to møer og børster hendes hår,
to andre de sætter hender hovedguld å.

To de sætter hende hovedguld å,
to andre de holder hende spejlen for.

To slår over hende skarlagenskind,
to andre de følger hende ud og ind.

Der stod kongen og så derpå,
så snarlig mon han dertil godvilje få.

Han haver sendt efter hende svende fem,
ikke vilde hun Tovelil følge dem.

Han sendte efter hende svende ni,
ikke vilde hun Tovelil følge de.

Dankongen han lod sig ikke forsmå,
han lader sin ganger efter Tovelil gå.

Der går dans i dronningens gård,
der danser så mangt et spejel klar.

Der danser vel fire, der danser vel fem;
men stalt var Tovelil, der kvad for dem.

Der danser vel otte, der danser vel ni,
stalt var hun Tovelil, der kvad for de.

Dronningen ud af vindvet så,
da så hun silke for foden slå.

»Og hør du, Tovelil, leger min,
du tag op silke for foden din!«

'If Queen of Denmark, I must feel
The touch of silk beneath my heel.'

'Now, listen, Tovelil, I pray,
What was your morning gift, today?'

'He gave me the finest golden band,
Which never has graced the Queen's own hand.

He gave me a chest of gold a-gleam,
As fine as any Dane has seen.

He gave to me two silver shoes,
And vowed to me he would be true.'

'Now, listen to me my Tovelil,
How did the King obtain your will?'

'The King has made my will incline,
Because his power was more than mine.'

The Queen then wrapped her head in skin,
And to the Danish King went in.

'Listen, my Lord, and give me your ear,
Now, why do you hold Tovelil so dear?'

'I hold Tovelil so dear, I do,
Because her two sons serve me true.

One is named Christof,
    the other Knud
They serve me whenever I travel abroad.

And rarely do I enter a fight,
But Christof and Knud stand by me aright.'

'That may be so my noble Lord,
But I will have Tovelil driven abroad.'

The Queen then ordered that her squire,
Should make the bath-house hot as fire.

'Make the bath-house hot as fire,
Make it as her funeral pyre.'

The Queen then ordered her squire once more:
'Now bring me Tovelil to my door.'

»Og skal jeg dronning i Danmark være,
da må jeg vel silke under foden træde.«

»Og hør du, Tovelil, leger min:
og hvad fik du til morgengave din?«

»Han gav mig så godt et guldbånd,
men slig et kom der aldrig i dronningens hånd.

Han gav mig så godt et guldskrin,
men slig et kom aldrig i Danmark ind.

Han gav mig to sølvspændt' sko,
han havde end agt' og givet mig sin tro.«

»Og hør du, Tovelil, leger min:
og hvor fik kongen viljen din?«

»Og så fik kongen viljen min,
for hans magt var større end min.«

Dronningen svøber sit hoved i skind,
så går hun i loft for dankongen og ind.

»Hør I, dankongen, hvad jeg siger eder:
hvor fik I hin Tovelil i hjertet så kær?«

»Så fik jeg hin Tovelil i hjertet så kær:
hun haver to sønner, de tjener mig nær.

Den ene hedder Christoffer,
    den anden hedder Knud,
de følger mig så tit af landet og ud.

Jeg kommer ret aldrig i den strid,
det Knud og Christoffer er jo deri.«

»Nu ville vi lade det så blive,
og skal jeg hin Tovelil af landet uddrive.«

Dronningen heder å svende to:
»I gøre mig badstue så hed som en lue!

I gør mig badstuen så hed som en glød:
alt skal hun Tovelille deri dø.«

Dronningen heder å svende to:
»I lader hin Tovelil ind for mig gå!«

Tovelil came and kissed the Queen's hand:	Ind kom Tovelil, hun stiltes for bord:
'What does your majesty command?'	»Hvad vilde I mig, dronning, I sendte mig ord?«
'Listen now Tovelil, my dear,	»Hør du, Tovelil, leger min:
The bath-house for the King prepare.'	du skalt kongen en badstue bered'!«
Tovelil entered the bath-house apace,	Tovelil hun ind ad badstuedør tren,
The Queen slammed	og dronningen slog den dør igen.
the door tight shut in her face.	
'Here is no water, here is no air,	»Her er ikke vand, her er ikke lud:
For God's sake get me out of here.'	for alle Guds ære I lader mig ud!«
The Queen then rode along Ribe street	Dronningen ganger ad Ribergade,
And Knud and Christof there did meet.	der mødte hende Knud og Christoffer
	så ilde til mode.
So there you are Christof and Knud,	»Her kommer I både, Christoffer og Knud:
Now fetch your mother from the bath-house tub!'	I henter eders moder af badstuen ud!«
Christof vented his anger and spleen,	Christoffer han lod sig ikke forsmå:
And rode his horse right over the Queen.	han lod sin ganger over dronningen gå.
Then Knud did the same as he had seen	Så gør han Knud og ligervis,
And rode his horse right over the Queen.	han lod sin ganger over dronningen rid'.
Knud and Christof were told by the King:	Ind kom Knud og Christoffer, de stiltes for bord:
'Go fetch the Queen and bring her in.'	»I henter eders dronning af gaden og ind!«
'We do not care that the Queen is dead,	»Fuld lidt det skader, at dronningen er død,
May God let Tovelil live instead.'	men give det Gud, det Tovelil måtte leve!«
From the bath-house Tovelil was let loose.	De hented Tovelil af badstuen ud,
She looked like a roasted Christmas goose.	da var hun som en gås, de steger om jul.
In truth, King Valdemar loves them both.	*Med råde. – Kong Valdemar han lover dem både.*

Havbor and Signe
Havbor og Signelil

King Havbor and King Sivord
Fell out one bitter day,
Because of proud Signelil
Who was so fair a maid.
You will never win such beauty.

Havbor awoke at midnight,
About his dream he spake,
His mother listened to his words,
As she was lying awake.

'I dreamed that I was up in Heaven,
It was so fair a place,
I had proud Signe in my arms,
But we fell to earth apace.'

'O have you dreamed of heaven so fair,
That you fell from the sky,
It means the maiden you will win,
But for her sake will die.'

Havbor let his hair grow long,
And women's clothes they sewed,
And as if he were a woman,
Into Denmark then he rode.

There was Havbor the King's son
Dressed in velvet twill,
And so he went to the chamber,
To seek proud Signelil.

'So here you sit proud Signelil
With your sweet maids in a row,
Havbor has sent me here to you
To teach me how to sew.'

Havbor Konge og Sivord Konge
de ypped dem en Kiv
alt om hin stolten Signelil,
hun var saa væn en Viv.
I vinder ret aldrig saa væn en.

Havbor vaagner om Midjenat,
og taler han sine Drømme;
og vaagen laa hans kære Moder,
hun gav dem vel i Gemme.

»Mig tykte, jeg var i Himmerig,
det var saa favr en By;
jeg havde stolt Signelil i min Arm,
jeg faldt igennem den Sky.«

»Har du drømt om Himmerig,
da skal du vinde en Mø;
drømte dig, du faldt igennem den Sky,
da skal du for hende dø.«

Havbor lader sig vokse Haar
og Jomfruklæder skære;
saa red han til Danmark,
det maatte saa mangen Mand kære.

Det var Havbor Kongens Søn,
klædte sig i Skarlagenskind;
og saa gaar han i Højeloft
alt for stolt Signelil ind.

»Her sidder I, stolten Signelil,
med eders Jomfruer og Møer;
Havbor han har mig til eder sendt,
I skulde mig Slignet lære.«

'All the sewing that I know,
To you I'd gladly teach,
And you shall sit at board with me
And with my maid shall sleep.'

'With royal children I have dined,
And slept soundly at their side,
But if I sleep beside your maid,
In grief and pain I'll die.'

'Listen to me, my maiden fair,
Such ill will not betide,
You shall sit at board with me,
Tonight, sleep by my side.'

All the maidens sat and sewed,
Each sewed their finest stitch,
While Havbor, the king's son,
Pressed his needle to his lip.

And all the maidens sat and talked,
They talked of this and that,
While Havbor carved animal shapes
At the table where he sat.

He carved a hart, he carved a roe,
As they roam in the wood,
Proud Signelille sewed her silks
As neatly as she could.

Up and spoke a serving maid,
Her anger was outflowing:
'I've never seen in all my days
A maid so poor at sewing.

She hardly ever sews a stitch,
Her needle's at her lips
Her wine she always drinks so deep
It seems she never sips.'

'Listen to me my serving maid
And stop your mockery,
Whether you stay, or whether you go,
It matters not to me.'

»Al den Slignet, der jeg kan,
lærer jeg eder saa gerne;
I skulle sidde med mig til Bords
og sove hos min Terne.«

»Jeg har ædt med Kongens Børn
og sovet hos deres Side;
sover jeg hos den Terne i Nat,
da dør jeg i den Kvide.«

»Hør I det, min skønne Jomfru,
I bærer der ikke for Kvide;
da skal I sidde med mig til Bords
og sove hos min Side.«

Og alle da sad de skønne Jomfruer
og sy'de hver som de kunde:
alt sad Havbor Kongens Søn,
han havde sin Naal i Munde.

Alle da sad de skønne Jomfruer
og snakkede hver som turde;
alt sad ungen Havbor,
kasted ud de Dyr paa Borde.

Han kasted ud baade Hjorte og Raa,
som de i Skoven runde;
efter sy'de stolten Signelille,
det bedste der hun kunde.

Og det da mælte den Tjenestekvinde,
og saa tog hun oppaa:
»Ret aldrig saa jeg en skønnere Jomfru,
der mindre Slignet maa.

Hun syer aldrig saa liden en Søm,
hun har jo Naalen i Mund;
hun faar aldrig saa stor en Skaal,
hun drikker den af til Bund.«

»Hør du det, du Tjenestemø,
og spotte du ikke mig;
hvad heller du gaar ud eller ind,
da tænker jeg ikke paa dig.«

And as the day was fading fast,
And it was almost night,
Proud Signelil asked her maid
To bring wax candles to light.

They lit the waxen candles,
That were wrought so fine,
And took young Havbor up to sleep
By proud Signelil's side.

She laid her hand on Havbor's breast
That shone like golden braids:
'Why is your bosom like a man's
And not a sweet young maid's?'

'That is because in my father's realm,
Maids must to the court now fare,
And thus I have no woman's breasts
Because of the armour I wear.

Now tell me true, proud Signelil,
Whilst we sit here, we two,
Is there anyone in the whole wide world
Has stolen your heart from you?'

'There's never one in the whole wide world
For whom my heart did pine,
Except for Havbor, son of the King,
And he cannot be mine.'

'So it is Havbor, the King's son,
That your heart holds O, so dear,
Then you must hear proud Signelil
He lies so very near.'

'Listen Havbor, son of the King,
Why have you shamed me so,
Why, with a hawk on either hand,
Did you not to my father go?'

'Why should I ride to your father's farm
With a hawk on either hand?
Your father would not answer me
For he is an angry man.'

Og det lidde fast Aften ad,
og Dagen han monne fremgaa;
og det var stolten Signelille,
bad tænde op de Vokskærter to.

Saa tændte de op de Vokskærter,
som var med Æren snoet;
saa fulgte de ungen Havbor
med stolt Signelil at sove.

Hun lagde Haand paa Havbors Bryst,
den skinner af Guld saa rød:
»Hvi er ikke Brysten' vokset paa eder
alt som paa anden Mø?«

»Det er saa Sæd paa min Faders Land,
at Jomfruer de rider til Tinge;
fordi er ikke Brysten' vokset paa mig
udaf de Brynjeringe.

I siger mig, stolten Signelil,
mens vi er ene to:
er der ingen i Verden til,
der eders Hu ligger paa?«

»Ingen ved jeg i Verden,
der min Hu ligger paa:
foruden Havbor Kongens Søn,
ham maa jeg ikke faa.«

»Er det Havbor Kongens Søn,
I har i Hjertet saa kær,
saa Mænd ved, stolten Signelil,
han ligger eder alt saa nær.«

»Hør I, Havbor Kongens Søn,
hvi vilde I mig saa skænde;
hvi red I ikke til min Faders Gaard
med Høg paa hviden Hænde.«

»Hvor skulde jeg ride til eders Faders Gaard
med Høg paa hviden Hænde;
eders Fader er en hastig Mand,
han giver ingen Svar til Ende.«

'Listen Havbor, son of the King,
There may well be some strife,
For if my father hears of this,
You may well lose your life.'

'By my bed I keep a sword
With a sharp and shining blade,
And if I met with thirty men,
I would not be afraid.

And at my feet I also have,
A new made suit of mail,
And if I met with thirty men,
I never would turn tail.'

»Hør I det, Havbor Kongens Søn,
det maa vel være den Kvide;
fornemmer det min kære Fader,
det koster eders unge Liv.«

»Der ligger ved mit Hoved
et saa godt et Sværd;
og var de tredive raske Hovmænd,
jeg ræddes ikke for den Færd.

Der ligger ved mine Fødder
min Brynje alt saa ny;
og var de tredive væbnede Mænd,
jeg vil ikke for dem fly.«

But, least of all, the king's son knew
They had been overheard,
For outside stood a serving maid
Who noted every word.

She stole from him his sword so sharp,
His armour strong and good,
And back into the hall she went,
To where King Sivord stood.

'Wake up, wake up King Sivord,
You sleep too long, my Lord,
For young Havbor, son of the King
Lies in your daughter's bed.'

King Sivord roused himself at once,
And called out to the farm:
'Wake up, wake up, my men arise
And put your armour on.

Wake up, wake up, my men arise,
Let nothing come amiss,
For we all know that Havbor's son
A valiant warrior is.'

And so they hammered on the door
With sword and pike and spear:
'Arise, arise young Havbor, come,
Come out and face us here.'

His hand reached to his pillow,
But his sword had gone astray:
'Arise, arise, proud Signelille,
This is the strangest day.

Listen, now, proud Signelille,
To show your love for me,
Set fire to your bower,
When they hang me from the tree.'

All praise to Havbor, the King's son,
He fought them stroke for stroke,
They could not lay a hand on him,
Until the bedpost broke.

Ikke vidste Havbor Kongens Søn andet,
end de var ene to:
ude stod den Tjenestekvinde,
og lydde hun derpaa.

Hun stjal bort hint gode Sværd
og saa hans Brynje ny;
saa gik hun i Højeloft,
lod Sivord Kongen det sige.

»I vaagner op, Sivord Konge,
I sover alt for længe,
det er Havbor Kongens Søn,
sover hos eders Datter i Senge.«

Og det var Sivord Konge,
han raaber over al sin Gaard:
»Vaagner op, alle mine Mænd,
og drager eders Brynje paa.

Vaagner op, alle mine Mænd,
klæder eder foruden Falsk;
og det er Havbor Kongens Søn,
han er saa haard en Hals.«

Og de stødte paa Døren
med Glavind og med Spjud:
»Stat op, ungen Havbor,
og gak i Gaarden ud.«

Han tog til sit Hoved,
borte var hans gode Sværd:
»Staar op, stolten Signelille,
her bliver en underlig Færd.

Hør I, stolten Signelille,
I lader eders gode Vilje kende;
første I ser, det jeg er død,
I lader eders Bure brænde.«

Tak have Havbor Kongens Søn,
han værged sig som en Mand;
de kunde ham ikke fange,
mens Sengestokken vandt.

They bound his hands together then,
With ropes so tightly tied,
But Havbor, the King's son,
Broke free from them beside.

And then the serving maid came in,
And spoke out bold and plain:
'Take one of Signelil's gold hairs
And bind his hands again.

Take one of Signelil's gold hairs,
Bind tightly Havbor's hands,
His heart will burst out from his chest,
Before he'll break that band.'

And then they took one of her hairs,
And tied his hands so tight,
That Havbor had no heart to break,
And so gave up the fight.

Then they led out young Havbor,
To hang him from a tree,
Out into the countryside
For everyone to see.

Before he died young Havbor made
One last and final plea:
'Take my cloak and hang it first.
A sign for all to see.

Take my cloak and hang it first,
A sign for all to see,
To see if the proud Signelille,
Will shed a tear for me.'

Proud Signelil then spoke up,
With dignity she cried:
'Today, I vow to Havbor,
To meet in Paradise.

Many in the King's ranks
Rejoice at Havbor's end,
But now I will seek vengeance
On all their kith and kin.'

Saa bandt de hans Hænder
med de Liner smaa;
og det var Havbor Kongens Søn,
han monne dem sønder slaa.

Og det da mælte den gamle Terne,
og saa tog hun oppaa:
»Tager I et af Signelils Haar,
og binder hans Hænder to.

Tager I et af Signelils Haar,
og binder hans Havbors Hænder;
før da brister hans Hjerte,
end han slider det sønder.«

Saa toge de et af hendes Haar
og bandt hans Hænder to;
saa monne han sig fangen give
og vilde det ej sønder slaa.

Saa toge de Havbor Kongens Søn,
fulgte ham for oven By;
de hængte ham i en Galge,
deraf blev saa stort et Ry.

Og det mælte Havbor Kongens Søn,
han var i Huen saa ve:
»Hænger først op min Kaabe,
og lader mig derpaa se.

Hænger først op min Kaabe,
og lader mig derpaa se;
hvad heller hin stolten Signelille
hun er vel eller ve.«

Og mælte det stolten Signelille,
hun mælte et Ord med Pris:
»I Dag skal jeg mig selver døde,
finde Havbor i Paradis.

Der er saa mangen i Kongens Gaard,
er glad ved Hr. Havbors Død:
i Dag skal jeg det hævne
paa deres Fæstemøer.«

Proud Signelil set fire then,
To everything around,
And then beneath her bolster blue
A choking death she found.

The news was spread by a little page,
Bright scarlet he did wear:
'Proud Signelil burns to death,
With all her maidens fair.'

'Hand me down my cloak, now,
And throw it on the floor,
If I had a thousand lives,
None is worth begging for.'

'Run now to the bower
Where Signelil you'll see,
And run now to the gallows
To cut young Havbor free.'

But when they came to Havbor,
He'd drawn his final breath,
And when they came to Signelil
They found her burned to death.

'If I had known before today,
Their love was strong as death,
I would not have acted thus,
For all of Denmark's wealth.'

Havbor was hanged and Signelil burned,
It was a piteous sight.
The cruel serving maid they took,
And buried alive that night.
You will never win such beauty.

Det var stolten Signelille,
satte Ild i hver en Vraa:
sig selver monne hun kvæle
alt under de Bolster blaa.

Det da mælte den liden Smaadreng,
var klædt i Kjortel rød:
»Stolten Signelil brænder i Bure
med alle sine skønne Møer.«

»Tager I ned min Kaabe,
den maa vel paa Jorden ligge;
havde jeg hundred Tusind Liv,
jeg vil ikke et af dem tigge.«

»Somme I løbe til Bure,
I lade ikke Signelil brænde;
og somme løbe til Galgen,
I lade ikke Havbor hænge.«

Og der de kom til Galgen,
da var Havbor hængt;
og der de kom til Bure,
da var Signelil brændt.

»Havde jeg det førre vidst,
der Elskoven havde været saa stærk,
jeg vilde ikke have gjort den Gerning
i Dag for al Danemark.«

Havbor var hængt, og Signelil var brændt,
det var saa ynkeligt et Mord;
saa toge de den forbandede Terne
og satte hende levende i Jord.
I vinder ret aldrig saa væn en.

Marsk Stig and his Wife
Marsk Stig og hans hustru

Noble Marsti rode abroad,
Won honour on his way:
While King Erik stayed at home
And led his wife astray.
The lady dwells on Zealand,
So many are her sorrows.

And when the noble Marsti
Came home from feudal war,
His wife refused to greet him
As she had done before.

Long stood the noble Marsti,
And angry was his thought,
'Why will my beloved wife,
Not greet me as she ought?'

'When you rode off to feudal fights
I was your loyal wife,
Now I am Queen of Denmark,
But did not choose this life.'

And then the noble Marsti
Reached down to take his knife:
'Had I heard this from another,
It would have cost your life.'

'Never more will I fall asleep,
At your sweet side again,
Until you have killed King Erik,
The cause of grief and pain.'

There stood the noble Marsti,
He answered not a word,
He rode his horse to court that day,
To stand before his Lord.

Marsti han ud af landet for
og vandt både hæder og ære;
hjemme blev kong Erik,
han lokked hans hjertenskære.
Men fruen sidder i Sjælland,
så mangt der hun sørger.

Det var hr. Marsti,
han kom fra ledingen hjem;
ikke da vilde hans væne hustru
gange hannem ud igen.

Længe stod herre Marsti,
og tænkte han ved sig:
»Hvi monne ikke min kære hustru
nu stande op imod mig?«

»Den tid I af landet for,
da var jeg en ridders frue;
nu er jeg en dronning udi Dannemark,
det må jeg fuld lidet love.«

Det var herre Marsti,
han tog til sin kniv:
»Havde det mig en anden sagt,
da skulde det kostet dit liv.«

»Jeg skal aldrig søvn sove
hos eders hvide side,
før I fanger vejet konning Erik,
som mig haver gjort den kvide.«

Det var herre Marsti,
han svared hende ikke et ord;
så red han til landsting,
konning Erik imod.

There stood the noble Marsti,
At court he took his stand,
Knights and squires greeted him
And many an honest man.

Up then stood King Erik,
And offered him his hand:
'Welcome back Sir Marsti,
To your country and your land.'

Then answered noble Marsti,
His anger at its height:
'I did myself the greatest harm,
When I went off to fight.

I rode out of this country,
Beat Reval and beat Ri,
And now I hear, King Erik,
You have led my wife astray.'

'Listen to me Sir Marsti,
Your anger now subdue,
Eight great castles on Zealand
I will now give to you.'

'Eight great castles on Zealand,
Will never ease my pain,
I cannot live another day
Until King Erik is slain.'

Long thought the noble Marsti
On what he had been told:
'I shall build a castle on Hjelm
Though it cost me all my gold.'

Marsti rode to his wife so fair,
A castle on Hjelm he made
He paid no heed to any attack
From stones or cannonade.

Marsti and his wife so fair,
Wept many a bitter tear,
I tell you this now, on my word,
King Erik lived in fear.
The lady dwells on Zealand,
So many are her sorrows.

Det var herre Marsti,
han gik ad landsting frem;
hannem hilsede både ridder og svende
og mangen ærlig mand.

Op stod konning hr. Erik
og tog hannem i sin hånd:
»Vær velkommen, hr. Marsti,
hjem til rige og land!«

Det svarede herre Marsti,
han var i sindet vred:
»Ilde haver jeg stedt min megen møde,
der jeg af landet red.

Jeg red mig af landet ud,
jeg vandt både Reval og Ri,
nu haver I, kong Erik,
lokket kære hustru min.«

»Hører du, herre Marsti,
du vredes ikke ved mig!
Otte borge udi Sjælland
dennem vil jeg unde dig.«

»Otte borge i Sjælland
kommer mig ikke sorrig af hue:
aldrig lever jeg så goden dag,
at det forgiver min frue.«

Længe stod herre Marsti,
tænkte han derpå:
»Jeg lader bygge en slot på Hjelm,
skulde det koste det, jeg å.«

Marsti drog til sin væne hustru,
og han bygger Hjelm så fast;
han skøtted hverken bøsse eller pil,
ikke heller blidekast.

Marsti og hans væne hustru,
de bar den sorrig i sinde;
det vil jeg for sandingen sige:
det rådte konning Erik men.
Men fruen sidder i Sjælland,
så mangt der hun sørger.

Marsk Stig Banished
Marsk Stig bliver fredløs

Marsti awoke at midnight, And to his good wife cried: 'Strange has been my dream tonight, God knows what will betide.' *The noble Lord, the young Marsti.*	Marsti han vågner om midjenat, og taler han til sin kære: »Jeg haver drømt så underlig, Krist råde, hvad det monne sæde! *Hin ædelig herre, hin unge hr. Marsti.*
'My squires and I had crossed a bridge, When my stallion upreared, It threw me off, then ran away To join a wild herd.'	Jeg drømte, der jeg og min' hovmænd, vi red over en bro, min ganger kasted mig under sig og løb til vilden stod.«
'Lie down my noble master, This dream I will construe, It means your serfs and tenants Shall pay tax and fees to you.'	»Ligger I ned, min ædelig herre I giver det intet i gem! det volder, bønder og bomænd de fører eder skatten hjem.«
'Tomorrow the court is sitting, South by the riverside, And only Christ does know the hand Whereby King Erik died.'	»I morgen skal hoffet holdes for sønden ved den å: volder det rige Krist i Himmerig, hvem kongens død gælder på!«
Marsti and his gallant squires, Then put their armour on, And then they rode to Ranisborg, Spurring their horses on.	Marsti og hans gode hovmænd klædte dem i brynjeringe: så red de frem for Ranisborg, de lod deres ganger springe.
The Queen stood in the castle hall, Over the land she spied: 'Now yonder comes Sir Marsti, The King of the southern side.'	Dronningen stander i højeloft, og ser hun derpå: »Hist kommer ridend' hr. Marsti, og kongen for sønden å.«
'O, speak not so, fair lady, And mock not with that name, He is called Sir Ove, Who should that title claim.	»Tier I kvær, min nådige frue! I spotter mig ikke for herre! han hedder drost hr. Ove, der kongens navn skulde bære.

Listen to me fair lady,
And mock not in your hate,
He is called Sir Ove,
Who lay with you of late.'

Up and spoke King Christopher,
All dressed in scarlet red,
"Our grief is great enough I say,
Now that our father's dead."

Up and spoke King Christopher
These words of great renown:
'Marsti, from Denmark you must go
If I'm to wear the crown.'

'If I must go from Denmark,
Then I will show no fear
To fetch my food in Denmark
All seasons of the year.'

And this he does, Sir Marsti,
In many threatening ways,
He fortifies the isle of Hjelm
Within these fourteen days.

Forth to his field the farmer went,
That he might sow his seeds:
'Now help us God in Heaven above,
That Hjaelm such power breeds.'
The noble Lord, the young Sir Marsti.

Hør I det, min nådige frue,
I spotter mig ikke for håd!
han hedder drost hr. Ove,
der sidst i eders arm lå.«

Det svarede kong Christoffer,
han stod i skarlagen rød:
»Alt er det fuld ond en bud
for min kære faders død!«

Det svared kong Christoffer,
han mælte en ord med ære:
»Marsti, du skal Danmark rømme,
om jeg skal kronen bære!«

»Skal jeg ud af Danmark rømme,
da vil jeg være så trøst:
jeg skal min føde af Danmark hente
både sommer og vinter og høst.«

Det gjorde ridder hr. Marsti,
for kongen han hannem undsagde,
og så da bygte han Hjælm op
i fulde fjorten dage.

Bonden går ad marken ud,
og skuld' han så sin korn:
»Hjælp nu Gud Fader i Himmerig!
haver Hjælm nu fanget horn!«
Hin ædelig herre, hin unge hr. Marsti.

Aage and Else
Aage og Else

Three maidens sit in a bower,
Two of them weave with gold:
The third she weeps for her own true love
Under the deep, dark mould.
For she was betrothed to that knight.

It was the knight, Sir Aage
Who rode out far and near:
He wooed the maiden Elselil
So gracious and so fair.

He wooed the maiden Elselil
With riches of great worth,
But ere a month had passed away
They laid him in the earth.

So sadly Elselil did weep,
And wring her hands in grief
That brave Sir Aage heard her cries
In the dark earth beneath.

And then arose Sir Aage,
On his back his coffin he bore
He made his way to the maiden's bower
In pain and grief so sore.

With his coffin he struck the door,
For he had no cloak of skin:
'Arise, arise proud Elselil,
And let your lover in.'

With tears upon her silken cheek,
Elselil spoke to him:
'If you can say Jesu's name
Then I will let you in.'

Der sidder tre Møer i Bure,
de to slynger Guld;
den tredje hun græder sin Fæstemand
under sorten Muld.
For hun har trolovet den Ridder.

Det var Ridder Hr. Aage,
han red under Ø;
fæsted han Jomfru Elselille,
saa væn en Mø.

Fæsted han Jomfru Elselille
med meget Guld;
Maanedsdagen derefter
laa han i Muld.

Saa saare græd Jomfru Elselille,
sine Hænder slog;
det hørte Ridder Hr. Aage
under sorten Jord.

Op stod Ridder Hr. Aage,
tager Kisten paa Bag;
saa lakked han til sin Fæstemøs Bur
med megen Umag.

Han klapped paa Døren med Kiste,
han havde ej Skind:
»Du stat op, stalten Elselille,
luk din Fæstemand ind.«

Det mælte liden Elselille
med Taare paa Kind:
»Kan I Jesu Navn nævne,
saa kommer I ind.«

'Arise, arise young Elselil,
And open now the door:
I can say Jesu's name,
As I could do before.'

Up then stood proud Elselil
With tears upon her cheek,
She opened then the bower door
To hear the dead man speak.

And then she took a golden comb,
And combed his golden hair,
For every lock she laid in place,
She let a tear fall there.

'Listen now, my brave Sir Aage,
Dearest love of mine,
What is it like beneath the earth,
In that cold, dark grave of thine?'

'Down beneath the deep, dark earth,
As in my grave I lie,
'Tis like the joy of heaven above,
And therefore do not cry.'

'Listen now, my brave Sir Aage,
Dearest love of mine,
May I follow you below,
Into that grave of thine?'

'Down beneath the deep, dark earth,
As in my grave I lie,
'Tis like the blackest depths of hell,
So cross yourself and cry.

For up above my head, the grass
Grows green and unconfined,
But round my feet so deep below,
With snakes I am entwined.

For every single tear you shed,
In such a mournful mood,
Then is my coffin filled within
With drops of clotted blood.

»Du stat op, liden Elselille,
luk op din Dør!
jeg kan saa vel Jesu Navn nævne,
som jeg kunde før.«

Op stod stalten Elselille
med Taare paa Kind;
saa lukker hun den døde Mand
i Buret ind.

Saa tog hun den Guldkam,
hun kæmte hans Haar;
for hvert et Haar hun redte,
da fældte hun Taar.

»Hør du, Ridder Hr. Aage,
Allerkæreste min:
hvordan er der under sorten Jord
i Graven din?«

»Saadan er der i den sorte Jord,
i Graven hos mig,
som i det frydelig Himmerig;
ti glæd du dig.«

»Hør du, Ridder Hr. Aage,
Allerkæreste min:
maa jeg dig følge i sorten Jord
Graven din?«

»Saadan er der i sorten Jord,
i Graven hos mig,
som i det sorteste Helvede;
gør Kors for dig!

For oven ved mit Hoved
staar Græsset grønt;
for neden ved mine Fødder
med Slanger omhængt.

For hver en Gang du græder,
din Hu gøres mod,
da staar min Kiste forinden fuld
med levret Blod.

But every time you sing a song,
With gladsome heart and mind,
Then is my grave so deep below
With rose leaves all entwined.

Now crows the cock as white as snow,
Up in the high bright hall,
To earth must every soul return,
And I must heed the call.

For hver en Gang du kvæder,
din Hu er glad,
da er min Grav forinden omhængt
med Rosenblad.

Nu galer Hanen den hvide
i højen Hal;
til Jorden stunder alle de Lige,
og bort jeg skal.

Now crows the cock as red as fire,	Nu galer Hanen, den røde,
Upon the pagan place,	i heden Sted;
To earth must all the dead return,	til Jorden maa alle de døde,
And I must go apace.	nu maa jeg med.
Now crows the cock as black as night,	Nu galer Hanen den sorte
Within the doorway dim,	i mørken Vraa;
Now open all the doors to death	nu lukkes op alle de Porte,
For I must enter in.'	og bort jeg maa.«
Up stood the knight, Sir Aage,	Op stod Ridder Hr. Aage,
On his back the coffin bore,	tog Kisten paa Bag;
He turned back to the churchyard,	saa lakked han til Kirkegaard
In pain and grief so sore.	med megen Umag.
And then the proud young Elselil	Det gjorde stalten Elselille,
Was in a mournful mood,	hendes Hu var mod;
She followed then her own true love,	saa fulgte hun sin Fæstemand
All through the murky wood.	gennem mørken Skov.
When they had travelled through the wood	Der hun kom igennem Skoven
And reached the churchyard gate,	paa Kirkegaard,
The hair upon Sir Aage's head	da falmed Ridder Hr. Aage
Began to turn quite white.	sit favre gule Haar.
'Now look up to the heavens	»Du se dig op til Himmelen
And see the stars so bright,	til Stjerner smaa;
Then you may see quite clearly	saa ser du dig saa gladelig,
How runs away the night.'	hvor Natten gaar.«
She looked up to the heavens	Saa hun op til Himmelen
And saw the stars so bright,	til Stjerner smaa;
Down in the earth the dead man slipped,	i Jorden slap den døde Mand,
And disappeared from sight.	hun ham ej saa.
Home went the lady Elselil,	Hjem gik Jomfru Elselille
So full of grief and pain,	saa sørgefuld;
And one month to that very day,	Maanedsdag derefter
In the earth she too was lain.	laa hun i Muld.
For she was betrothed to that knight.	For hun har trolovet den Ridder.

Humorous Solutions to Conflicts

Humoristiske løsninger på konflikter

Lovel and Jon
Lave og Jon

I pray you all my brave young men,
To put your armour on,
Put on your golden helmets,
And follow good Sir Jon.

Jeg beder eder, alle mine Mænd,
I være vel bon!
I binder op Hjælm af Guld,
I følger Hr. Jon.

Sir Peter rode home from the court,
- *Now put your armour on!*-
Young Kirsten met him at the gate
And asked about Sir Jon.
Put on your golden helmets
And follow good Sir Jon.

Hr. Peder han kom fra Tinge hjem,
– I være vel bon! –
liden Kirsten, hans Datter, gaar ham igen,
spør om Hr. Jon.
I binder op Hjælm af Guld,
I følger Hr. Jon!

'Welcome Sir Peter, dear father of mine,
- Now put your armour on!-
What is the news from the court this time,
The news about Sir Jon?'

»Velkommen Hr. Peder, kær Fader min,
– I være vel bon! –
og hvad var Tidende i Dag paa Ting
alt om Hr. Jon?«

'These are the tidings I have for thee,
- Now put your armour on!-
The young Sir Lovel your man shall be,
And not the good Sir Jon.'

»Det var Tidende allermest:
– I være vel bon! –
Hr. Lave har dig paa Tinge fæst,«
og ikke Hr. Jon.«

'And if Sir Lovel my man shall be,
- Now put your armour on!-
Sorrow and grief shall he get from me,
While lives the good Sir Jon.'

»Har Hr. Lave mig paa Tinge fæst,
– I være vel bon! –
da skal det blive ham Sorgen mest!«
og lever Hr. Jon.«

Sir Lovel prepares for the wedding day,
- Now put your armour on!-
Sir Jon's horse has been shod today.
'I come,' said good Sir Jon.

Hr. Lave lader sit Bryllup bo,
– I være vel bon! –
Hr. Jon lader sin Ganger sko.
»Til Bryllup!« sagde Jon.

Sir Jon rode to Sir Lovel's farm,
- Now put your armour on!-
On a fine horse, with shield on arm:
'I'm coming,' said good Sir Jon.

Hr. Jon han red i den Bryllupsgaard,
– I være vel bon! –
højen Hest og Brynje paa.
»Jeg kommer!« sagde Jon.

Late at night as the dew did fall,
- Now put your armour on!-
The bride should to her bed withal:
'Me, too,' said good Sir Jon.

To the bridal bed they led the bride,
- Now put your armour on!-
Sir Jon bore a torch at her side.
'I am first,' said good Sir Jon.

Sir Jon then locked the door so tight,
- Now put your armour on!-
'Pray give Sir Lovel from me goodnight:
Goodnight from good Sir Jon.'

They brought the news to Sir Lovel's side
- Now put your armour on!-
'Sir Jon is sleeping with your young bride,'
Indeed does good Sir Jon.

Early next day as the birds did sing,
- Now put your armour on!-
Sir Lovel rode off to the King
'I will come,' said good Sir Jon.

'My gracious Lord, pray hear me true,'
- Now put your armour on!-
'There is a case to lay before you.'
'About me,' said good Sir Jon.

'I was to wed a fair young maid,'
- Now put your armour on!-
'But another knight beside her laid,'
'It was me,' said good Sir Jon.

'Well, since you both do hold her dear,
- Now put your armour on!-
For her sake, you must fight for her.'
'I will win,' said good Sir Jon.

The first fierce joust that then they fought,
- Now put your armour on!-
Sir Jon's horse to its knees was brought,
'Stand up,' said good Sir Jon.

Sildig om Aften, Rim faldt paa,
– I være vel bon! –
Bruden hun skulle til Senge at gaa.
»Jeg med!« sagde Jon.

Ledte de Bruden til Brudehus,
– I være vel bon! –
Hr. Jon han bar selv de Blus.
»Jeg først!« sagde Jon.

Hr. Jon han lukte den Brudehus-Dør brat:
– I være vel bon! –
»I siger Hr. Lave mange Godnat!«;
alt fra Hr. Jon.

Brat kom Bud for Hr. Lave ind:
– I være vel bon! –
»Hr. Jon han sover hos unge Brud din!«
Det gør Hr. Jon.

Aarle om Morgen det var Dag,
– I være vel bon! –
Hr. Lave gaar for Kongen at klage.
»Jeg med!« sagde Jon.

»Min ædelig Herre, vil I mig høre:
– I være vel bon! –
Jeg haver en Sag for eder at føre«
»Om mig!« sagde Jon.

»Jeg haver mig en unge brud fæst,
– I være vel bon! –
en anden Ridder har sovet hende næst.«
»Det var mig,«sagde' Jon.

»Meden I har både den Jomfru så kær,
– I være vel bon!-
da skal I bryde om hende et Spær
»Da vinder jeg,« sagde Jon.

Den første Dyst, de sammen red,
– I være vel bon! –
Hr. Jon hans Hest, den gik i Knæ.
»Stat op!« sagde Jon.

And when the joust they did renew,
- Now put your armour on!-
Sir Lovel's neck was snapped in two.
'Lie there,' said good Sir Jon.

The maiden clapped with great delight,
- Now put your armour on!-
'I never saw a happier sight,'
So he won, the good Sir Jon.
Put on your golden helmets
And follow good Sir Jon.

Den anden Dyst, de sammen red,
– I være vel bon! –
Hr. Laves Hals den gik i tre.
»Lig der!« sagde' Jon.

Den Jomfru slog sine Hænder sammen:
– I være vel bon! –
»Jeg saa ret aldrig en fejre Gammen,
nu vandt Hr. Jon!«
I binder op Hjælm af Guld,
I følger Hr. Jon!

The Game of Dice
Terningespillet

'Listen to me, my brave young man,
And play at dice with me.'
'I cannot play for I have no gold
To wager against thee.'
And they played, and the game was gold dice.

'You can wager with the hat you wear,
Though it's getting old and grey,
And I will bet my string of pearls,
You might win if you play.'

The first throw of the golden dice
That on the board did spin,
The young man lost his wager,
And the maid was pleased to win.

'Listen to me, my brave young man,
And play at dice with me.'
'I cannot play for I have no gold
To wager against thee.'

'You can wager with the coat you wear,
Though it's getting old and grey,
And I will stake a golden crown,
You might win if you play.'

The next throw of the golden dice
That on the board did spin,
The young man lost his wager,
And the maid was pleased to win.

'Listen to me, my brave young man,
And play at dice with me.'
'I cannot play for I have no gold,
To wager against thee.'

»Hør du, goden Ungersvend,
leg Tavlebord med mig!«
»Jeg haver intet røde Guld
at sætte op mod dig.«
For de legte og de spillede Guldterning.

»Sæt du op din gode Hat,
og fast om den er graa!
Jeg sætter mod min Perlesnor,
tag den, om du kan faa!«

Den første Guldterning,
som over Tavlbord randt,
den Ungersvend han tabte,
saa glad den Jomfru vandt.

»Hør du, goden Ungersvend,
leg Tavlebord med mig!«
– »Jeg haver intet røde Guld
at sætte op mod dig.«

»Sæt du op din Kjortel,
og fast om den er graa!
Jeg sætter mod min Kron' af Guld,
tag den, om du kan faa.«

Den anden Guldterning,
som over Tavlbord randt,
den Ungersvend han tabte,
saa glad den Jomfru vandt.

»Hør du, goden Ungersvend,
leg Tavlebord med mig!«
– »Jeg haver intet røde Guld
at sætte op mod dig.«

'You can wager with your hose,
And then bet with your shoes,
And I will risk my honour fair
And thereto plight my troth.'

The third throw of the golden dice,
That on the board did run,
The lovely maiden lost her bet,
It was the youth that won.

'Now listen well young stable boy,
And get thee gone from me,
My silver-handled knife so fine,
That will I give to thee.'

'Your silver-handled knife so fine,
I'll take when'er I like,
But I will have the maiden fair
That I have won at dice.'

'Now listen well young stable boy,
And get thee gone from me,
A silken shirt so pure and fine,
That will I give to thee.'

'Your silken shirt so pure and fine,
I'll take when'er I like,
But I will have the maiden fair
That I have won at dice.'

'Now listen well, young stable boy,
And get thee gone from me
A pure white steed and saddle so fine,
That will I give to thee.'

'A pure white steed and saddle so fine,
I'll take when'er I like,
But I will have the maiden fair
That I have won at dice.'

'Now listen well young stable boy,
And get thee gone from me,
My castle and my turret keep,
That will I give to thee.'

»Sæt du op dine Hoser,
og saa dertil dine Sko!
Jeg sætter mod min Ære
og saa dertil min Tro.«

Den tredje Guldterning,
som over Tavlbord randt,
den Jomfru hun slet tabte,
men Ungersvend han vandt.

»Hør du, liden Gangerpilt,
skynd dig brat fra mig!
Mine sølvbundne Knive
dem vil jeg give dig.«

»Dine sølvbundne Knive
dem faar jeg, naar jeg kan;
men jeg vil have den Jomfru
jeg med Guldterning vandt.«

»Hør du, liden Gangerpilt,
skynd dig brat fra mig!
Silkesyede Skjorter
dem vil jeg give dig.«

»Dine silkesyede Skjorter
dem faar jeg, naar jeg kan;
men jeg vil have den Jomfru,
jeg med Guldterning vandt.«

»Hør du, liden Gangerpilt,
skynd dig brat fra mig!
Hvid Hest og Sadel
dem vil jeg give dig.«

»Hvid Hest og Sadel
dem faar jeg, naar jeg kan;
men jeg vil have den Jomfru,
jeg med Guldterning vandt.«

»Hør du, liden Gangerpilt,
skynd dig brat fra mig!
Mit Slot og mit Fæste
dem vil jeg give dig.«

'Your castle and your turret keep
I'll take when'er I like,
But I will have the maiden now
That I have won at dice.'

The maiden stood within her bower,
Combing her golden hair:
'God have mercy on a poor maid
For the love match I must bear.'

The young man stood out in the yard
And leant upon his sword:
'You shall have a better man
Than ever you deserved.

Indeed I am no stable boy,
Though that has been your word,
I am the King's own finest son
Who ever walked abroad.'

'Are you the King's own finest son
Who ever walked abroad?
Then you shall have my honour, sir
And thus my plighted word.'
And they played, and the game was gold dice.

»Dit Slot og dit Fæste
dem faar jeg, naar jeg kan;
men jeg vil have den Jomfru,
jeg med Guldterning vandt.«

Jomfruen stander i Bure,
og børster hun sit Haar:
»Herre Gud bedre mig fattige Mø
for Giftermaal, jeg faar!«

Ungersvend stander i Gaarden,
han støtter sig ved sit Sværd:
»Og du faar bedre Giftermaal,
end du er nogen Tid værd.

Og jeg er ingen Gangerpilt,
endog du siger saa;
jeg er den bedste Kongesøn,
i Verden leve maa.«

»Er du den bedste Kongesøn,
i Verden leve maa,
da skal du have min Ære
og saa dertil min Tro.«
For de legte og de spillede Guldterning.

The Maiden's Morning Dream
Møens Morgendrømme

Riseli enters the maiden bower,
- Far, far away -
She wakens there the maidens so proud.
The Wendels laid siege to the castles.

She woke her maidens with honour and praise,
She woke Vesselil with a stick upraised.

'If you will sleep so long each day
No passing knight will come this way.'

'More joy I have from my morning dream,
Than other maids have from their seam.

I dreamed I was a duck so small,
Which flew into the Wendel king's hall.

I dreamed my wings were broad and wide,
They covered all the countryside.

I sat upon a linden tree,
And all the branches bowed to me.'

'Listen to me, dear niece of mine,
I want that morning dream of thine.

If you will give me your morning dream,
Then I will give you my summer seam'

'Keep for yourself your summer's seam,
I have more joy from my morning dream.'

Hardly had they spoken these words,
Than the Wendel's King rode into the yard.

Into the yard rode the Wendel's King,
Riseli rose and greeted him.

'Welcome O King, master of mine,
Will you drink our mead or the blood red wine?

Riseli gaar i Bure,
– over de valske Mile –
hun vækker op Jomfruer prude.
Der de Vender træde til de Borge.

Hun vækker op Jomfruer med Ære og Pris,
stalt Vesselil vækker hun med skarpen Ris.

»Vil du saa længe om Morgenen sove,
saa vil dig slet ingen ung Ridder trolove.«

»Ja, jeg har saa godt af min Morgendrøm,
som andre Jomfruer af deres Silkesøm.

Mig tykte, jeg var saa lidel en And,
jeg fløid ind for Vendelkongens Land.

Mig tykte, mine Vinger var brede,
de skjulte baade Mark og Hede.

Jeg satte mig paa Linderod,
Grenene bugned mig neder for Fod.«

»Hør du det, kær Søsterdatter min,
du giv mig Morgendrømmen din.

Vil du give mig din Morgendrøm,
da giver jeg dig min lange Sommersøm.«

»Behold du selv din Sommersøm,
langt kærere har jeg min Morgendrøm.«

Næppe de Ord vel talet vaar,
Vendelkongen kom ridende i Gaard.

Vendelkongen kom ridende i Gaard,
Riseli gaar ham ud imod.

»Velkommen, Vendelkonge, Herre min,
hvad heller vil I have Mjød eller Vin?«

'I'll drink neither mead nor blood red wine,
Bring me Vesselil your niece so fine.'

'But Vesselil is only five,
She has hardly left her stepmother's side.'

'It is enough if she's three years old,
Tonight I will her eyes behold.'

'My other maidens sew gold stuff,
But she can never sleep enough.'

Into the hall the King they led,
While out to fetch her niece they sped.

She pulled her hair, her face she struck,
'Shame upon you for your good luck.

Vesselil, put on your clothes so bright,
For you shall be with the King tonight.'

Vesselil entered into the room,
Like sunbeams she did pierce the gloom.

'O never a maiden did I behold,
Who was not more than five years old.'

He touched her cheek so pale and white,
He called her then his heart's delight.

'I will give you my word so true,
Sleep as long as you now want to.'

They dressed Vesselil in a silken gown,
And on her head set a golden crown.

They lifted her on to a grey roan steed
- Far, far away -
And rode with the King out over the mead.
The Wendels laid siege to the castles.

»Jeg vil hverken have Mjød eller Vin,
men jeg vil se Vesselil, Søsterdatter din.«

»Vesselil er ikke Aar uden fem,
hun kom ikke fra sin Fostermoder i dem.«

»Jeg var tilfreds, hun var ikke Aar uden tre,
i Aften vil jeg hende med Øjne se.«

»Mine andre Møer de syr med Guld,
men hun bliver aldrig af Søvnen fuld.«

De fulgte den Herre i Stuen ind,
selv gik hun for Søsterdatter sin.

Hun slog hende ved øre, hun drog i Haar:
»Skam faa du, Vesselil, for Lykke du faar.

Hør du, Vesselil, klæd dig brat,
du skal ind for Kongen i Nat.«

Vesselil ind ad Døren tren,
da var det ret, som Solen sken.

»Ret aldrig saa jeg saa voksen en Maar,
der var ikke uden i sit femte Aar.«

Han klapped hende ved hviden Kind,
han kaldte hende Allerkæreste sin.

»Nu vil jeg stede mit Minde dertil,
du sover saa længe, alt som du vil.«

De slog over Vesselil Silke smaa,
saa løfte de hende paa Ganger graa.

De satte Guldkrone over udslaget Haar,
– over de valske Mile –
saa red hun med den Herre af Gaard.
Der de Vender træde til de Borge.

Esbern Snare

Esbern Snare

Sir Peter and Sir Esbern Snare
Drank mead in Middelfare.
She is with honour and grace surrounded.

They drank the mead and they drank the wine,
And they talked of Kirsten a maid so fine.

One of them praised her beyond compare,
The other denied her beauty fair.

'Why will you to Kirsten cleave,
For she can neither sew nor weave?

She cannot cut, she never sews,
She cannot make a suit of clothes.'

Sir Esbern rode to Ribe town,
Some scarlet cloth to buy, I own.

He bought the scarlet cloth so new,
For young Kirsten to cut and sew.

Young Kirsten carefully
    wrapped the cloth,
And took it to her foster mother's loft.

'Foster mother dear, what can I do
Sir Esbern has sent me cloth to sew.

He has sent me silken cloth so red,
A suit of cloth I must sew, he said.'

'Now lay the cloth upon a board,
Cut roses and lilies at my word.'

She laid the cloth upon the board,
And cut roses and lilies at her word.

She sewed upon the shoulders broad,
Fifteen knights each with a drawn sword.

Hr. Peder og Hr. Esben Snare
de drukke Mjød i Middelfare.
Hun er sig med Æren og Dyden oprunden.

De drak Mjød, og de drak Vin,
de talte saa meget om liden Kirstin.

Den ene han hende lovede,
den anden hende forsmaaede.

»Hvad vil du med liden Kirstin gøre?
hun kan ikke sy eller Slyngen røre.

Hun kan hverken skære eller sy,
hun kan ikke gøre de Hovklæder af ny.«

Hr. Esben han drager til Ribe
den røde Skarlagen at købe.

Han købte Skarlagen og Sindal af ny,
som liden Kirstin skulde baade skære og sy.

Liden Kirstin hun tager
    det Skarlagen under Skind,
hun ganger i Loftet for Fostermoder sin.

»Min kære Fostermoder, kender mig Raad,
Hr. Esben har sendt mig det Skarlagen smaa.

Han har sendt mig Skarlagen og Sindal af ny,
jeg skulde hans Hovklæder skære og sy.«

»Du læg det paa Tiljer,
du skær det i Roser og Liljer.«

Hun lagde det paa Tiljer,
hun skar det i Roser og Liljer.

Hun skar imellem hans Hærder:
femten Riddere med dragne Sværd.

She sewed upon the scarlet breast
A young knight whom a maiden kissed.

She sewed upon the sleeve so trim,
Fifteen maidens in a ring.

She sewed upon the hem and side
A ship that battled with the tide.

'Now is this suit of clothes complete,
God grant that it with favour meet.'

Sir Esbern saw the suit and said:
'Christ bless the hands which sewed each thread.

And she shall have as wage and fee
None but myself, if she'll agree.'

'Thanks, fair knight, for what you have said,
You are the man my maid will wed.'
She is with honour and grace surrounded.

Hun skar i hans Bryste:
en Ridder, en Jomfru kys'de.

Hun skar i hans Ærmekrans:
femten Jomfruer i en Dans.

Hun skar i hans Sidesøm:
Snekken for den stride Strøm.

»Nu er den Klædning baade syet og skaaren,
Gud give, at den var vel hjembaaren.«

Det mælte Hr. Esben, der han de Klæder saa:
»Krist signe de Fingre, her lagde Vind paa.

Den Jomfru hun faar ikke andet til Skrædergave
end mig selv, om hun lyster mig at have.«

»Haver Tak, skøn Ridder, alt for eders Gave,
I er den Svend, min Jomfru vil have.«
Hun er sig med Æren og Dyden oprunden.

Demons, Transformations and Runes

Dæmoner, forvandlinger og runer

The Power of Music
Tonernes magt

Sir Peter rides into the yard, A maiden greets him there so sad, *My dear sweetheart why grieve you so?*	Hr. Peder han rider i gårde, skøn jomfru hun sørger så såre. *Min hjertens allerkærest, hvorfor sørger I da?*
'And do you grieve for a saddle or steed, Or that you are betrothed to me?'	»Hvad heller sørger I for sadel heller hest, heller I sørger for, jeg haver eder fæst?«
'I grieve not for a saddle or steed Nor that I am betrothed to thee.	»Nej, ikk' sørger a for sadel heller hest, ikk' heller sørger jeg, for eder har mig fæst.
But I grieve for the stream so wild and wide, For in it lie my sisters five.	Men jeg sørger mere for vildenen strøm, thi deri ligger mine søskende fem.
O, in it lie my sisters five And it is foretold I shall lie at their side.'	Deri ligger mine søskende fem, det er mig spået, jeg skal ligge ved dem.«
'Listen fair maiden, neither sorrow nor pine, Beside you shall ride twelve squires of mine.	»Hør, skøn jomfru, hun skal hverken sørge heller kvid', tolv af mine svende skal med hende rid'.
Four in front and four behind, And two at each side, you'll find.'	Fire for og fir' obag og to ved hver en sid'.«
And when they came to Villeland's bridge The horse reared up on its golden hooves.	Og der de kom på Villelands bro, da skrint' den gråganger på fire guldsko.
On its golden hooves with their nails a-gleam And the maiden fell in the raging stream.	Ja, fire guldsko og tredve guldsøm, skøn jomfru mått' ud i vildenen strøm.
Sir Peter spoke to his page so small, 'Go fetch my golden horn from the hall'	Hr. Peder han taler til sin lidel smådreng: »Nu henter du mig min gode guldluj frem.«
He raised his horn and artfully blew, But no birds from the branches flew.	Det første han blæste, det blæste han med list, der rørte sig aldrig en fugl på kvist.
He blew the bark off the birchwood tree, And the horns of the cattle in the lea.	Han blæste bark af birketræ, hårde horn af fede kvæg.
The merman appeared upon the strand, With the beautiful maiden, hand in hand.	Den havmand op ved strande, han havde skøn jomfru i hænde.

'Here is your young and beautiful bride,
Now lay your horn down by your side.'

'My horn I'll not lay down by my side,
Until you fetch her sisters five.'

The merman appeared once more on the strand
With all five maidens hand in hand.

'Now here you have her sisters five,
Now lay your horn down by your side.'

'My horn I will not lay to rest
Until you fetch me gold – the best.'

The merman arose from the waters beneath,
The finest gold coins he had in his teeth.

'And here is the finest gold I could find,
I pray you stop that cursed sound.'

Sir Peter drew his sword so bright,
And killed the merman without a fight.
My dear sweetheart why grieve you so?

»Der haver du din skønne unge brud,
og stiller du nu din gode guldluj.«

»Nej, ikk' stiller a min gode guldluj,
inden du henter mæ hendes søskend fem.«

Den havmand op ved strande,
han havde fem jomfruer i hænde.

»Der haver du hendes søskend fem,
og stiller du nu din gode guldluj.«

»Nej, ikk' stiller a min gode guldluj,
inden du henter mæ din rødeste guld.«

Den havmand op fra bunde,
han havde det røde guld i munde.

»Og der haver du djer rødenste guld,
og stiller du nu den forbandede luj.«

Hr. Peder han alt hans sværd uddrog,
den havmand han ned til jorden hog.
Min hjertens allerkærest, hvorfor sørger I da?

Germand Gladensvend
Germand Gladensvend

Our King and our young Queen
Went sailing over the seas,
But their ship was soon becalmed
Because there was no breeze.
So he flew over the sea.

'Is there something that lies beneath
Which stops us on the seas?
I will give you silver and gold
If we can get a breeze.'

'You have no gold or silver
That here will help or save,
It's what you have beneath your belt
That now I so much crave.'

'There is nothing beneath my belt
But a few small keys to see,
And if we come back safe to land,
I'll have others cut for me.'

Then she took the keys so small
And threw them on the strand,
And soon a gentle breeze arose
Which brought them safe to land.

The Queen she walked along the strand,
Her heart was full of woe,
She felt the child deep inside
Move within her so.

No later then, from that day forth,
When five more months had come,
The Queen went to an upper room
And bore a handsome son.

Vor Konge og vor unge Dronning
de sejlede dem over Hav;
der blev deres Skib paa Vandet holdt,
de kunde ikke Børen faa.
Saa fløj han over den Rin.

»Er der noget under Vandet,
som Skibet holde maa,
jeg giver eder baade Guld og Sølv,
I lader mig Børen faa.«

»Du har ikke Guld eller Sølv,
som dertil hjælpe maa;
det er alt under din Linde,
der jeg monne efter traa.«

»Jeg har ikke under min Linde
foruden mine Nøgler smaa;
kommer jeg levende til Lande,
jeg lader mig andre slaa.«

Saa tog hun de Nøgler smaa,
hun kasted dem udi Strand;
de fik Bør hin blide,
de sejled saa glade til Land.

Dronningen hun ganger paa hviden Sand,
og hun fik fuldstor Harm:
hun følte Germand Gladensvend,
at han var kveg i Barm.

Det var ikke derefter
foruden Maaneder fem,
Dronning hun ganger i Højeloft,
hun fødte en Søn saa væn.

He was born at evening time,
And christened then that night.
They called him Germand Gladensvend,
But hid him from the light.

So fair he was, so fine he grew,
His horse he rode so well,
That when his mother looked on him
With grief her heart did swell.

'Answer me, dear mother,
What now I ask of thee,
Why is your heart so full of grief
Each time you look on me?'

'Listen, Germand Gladensvend,
To why my heart is riven,
When you were small, to the ogre
You and your soul were given.'

'Listen to me, dear mother,
And let sorrow now pass you by,
The fate that God has given to me,
That no man can deny.'

Thursday morning at harvest time,
Her door was open wide,
When suddenly an evil scream
Was heard from deep inside.

In then came the evil Gam,
And sat down beside her with glee:
'Do you remember, my beloved,
What once you gave to me?'

She swore by God, she swore by men,
She swore by all she knew,
There was neither daughter nor son
That ever in her grew.

Away then flew the evil Gam,
A wicked scream gave he:
'When I find Germand Gladensvend,
Then he belongs to me.'

Født blev han om Aften,
og kristned de ham om Nat;
de kaldte ham Germand Gladensvend,
de dulgte ham, medens de maatt'.

Saa vel han vokste, saa vel han treves,
sin Hest kunde han vel ride;
hver Sinde han sin Moder saa,
saa saare da monne hun kvide.

»I vider mig det, kær Moder min,
og hvad jeg vil eder bede:
hvi græder I saa jammerlig,
hver Sinde I mig ser?«

»Hør du, Germand Gladensvend,
jeg maa vel for dig kvide:
du var dig saa liden,
der du blev Trolden given.«

»Hører I det, kære Moder min,
I lader bortfare eders Vaande;
hvad Lykke Gud mig give vil,
det formen mig ingen Mand.«

Det var om en Torsdag Morgen
saa aarle om den Høst,
aaben da stod den Fruerstuedør,
der kom saa led en Røst.

Ind da kom den lede Gam,
han sattes den Frue saa nær:
»Mindes eder det, Allerkæreste min,
hvad I haver givet mig.«

Hun svor om Gud, hun svor om Mænd
og alt, hun sværge maatte:
hun vidste sig hverken Datter eller Søn,
der hun i Verden aatte.

Bort da fløj den lede Gam,
han gav saa slemt et Skrig:
»Hvor jeg finder Germand Gladensvend,
da er han given mig.«

At fifteen years he fell in love
With a maiden fair of face,
The King's daughter of Engeland,
So full of truth and grace.

So much he longed, so much he pined,
For his betrothed so fair:
'Dear mother,' he said, 'lend me your wings,
That I may fly to her.'

'The wings they spread so far and wide,
Across the sky so blue,
But if I live until next summer
Some new wings I will use.'

He put on her feathers then,
So full of hope he flew,
Into the middle of the sea,
And heard Gam's voice anew.

'Welcome, Germand Gladensvend,
I know you, as you see,
Since that day when you were born,
And you were given to me.'

'O let me fly, let me fly away,
To my betrothed so fair,
As soon as I return back here,
We'll meet again, I swear.'

'Then I will put a mark on you,
Before you fly away,
Whether you are with knights or swains,
I'll know you anyway.'

His right eye Gam then hacked away,
Drank half his heart's red blood,
Yet still he flew to his betrothed,
Because his love was good.

He settled on her window sill,
His face so pale and grey,
That all the maidens in the room
Gave up their games and play.

Der han var fulde femten Aar,
da lysted ham en Jomfru at love:
Kongens Datter af Engeland,
den allerskønneste Jomfrue.

Saa saare da monne han længes
bort til sin Fæstemø:
»Min kær Moder, I laaner mig eders Fjederham,
mens jeg flyver bort under Ø.«

»De Vinger de er saa brede,
de er saa vide om By,
lever jeg mig til Sommer,
jeg lader mig gøre en ny.«

Han satte sig i sin Fjederham,
han fløj alt saa trøst,
der han kom midt paa Sund,
der hørte han Gammerøst.

»Vær velkommen. Germand Gladensvend,
saa vel da kender jeg dig;
du var al saa liden,
der du var given mig.«

»Du lad mig flyve, du lad mig fare
alt bort til min Fæstemø;
første jeg kommer tilbage igen,
vi findes vel under Ø.«

»Da skal jeg dig mærke,
alt hvor du flyver fra mig:
hvor du kommer blandt Riddere og Svende,
kende saa vil jeg dig.«

Han hug ud hans højre Øje,
drak halvt hans Hjerteblod;
saa fløj han til Jomfruens Bur,
for Viljen den var god.

Han satte sig paa de Tinde
saa gusten og saa bleg:
alle de Jomfruer i Buret var,
de tabte baade Skæmt og Leg.

But all the proud young maidens there,
They neither cared nor cried,
Apart from proud Solverlad,
Who put her work aside.

She then took out a silver comb,
And combed his golden hair,
For every lock of his she combed
So many tears were there.

For every lock of hair she combed,
So many tears were there,
She cursed his mother for his fate
That she had brought to bear.

'O listen, maiden Solverlad,
My mother do not condemn,
It did not lie within her hands
That fate should plan this end.'

So he put on his feathers once more
And flew up in the sky,
She put on some other wings
And followed him up high.

And all the birds that then she met,
She cut them piece by piece,
Apart from one, the evil Gam
Whom she could never reach.

It was maiden Solverlad
Who flew along the strand,
Nothing she found of Gladensvend,
But only his right hand.
So he flew over the sea.

Alle da sad de stolte Jomfruer,
gav det dog lidet i Gem,
foruden stolten Sølverlad,
hun kasted baade Saks og Søm.

Hun tog ud en Sølverkam,
hun kæmte hans favre Haar;
hver en Lok, hun redte,
huri fældte saa modig Taar.

Hver en Lok, hun redte,
hun fældte saa modig Taar;
alt bandede hun hans Moder,
hans Lykke havde gjort saa haard.

»Hør I det, Jomfru Sølverlad,
I bander ikke Moder min;
hun kunde det intet i volde,
saa krank var Lykken min.«

Han satte sig i sin Fjederham,
og saa fløj han derfra;
hun satte sig i en anden,
hun monne fast efter gaa.

Alle de Fugle, hun mødte,
dem klipped hun alle saa smaa,
foruden den leden Gam,
ham kunde hun ikke naa.

Det var Jomfru Sølverlad,
hun fløj ud med den Strand:
hun fandt ikke af Germand Gladensvend
foruden hans højre Haand.
Saa fløj han over den Rin.

The Elfhill
Elverhøj

I laid my head on the Elfin hill,
My eyes were heavy with sleep,
And then two lovely maids appeared
Who wished to talk with me.
Never since first I saw them.

One stroked my cheek so pale and wan,
One whispered in my ear:
'Arise, arise my brave young man,
If you will dance with us here.

Wake up my brave and handsome man,
If you will dance with us here,
My maidens now shall sing for you
That song you love to hear.'

Then one began to sing a song
Most beautiful by far,
The raging stream subsided then
That used to rage before.

The raging stream subsided then
That used to rage before,
And all the small fish swimming there
Flipped their tails in joy.

The small fish swimming in the stream
Flipped their tails in joy
And the little birds upon the boughs
Sang their song for her.

'Listen to us, O brave young man,
If you will stay at our side,
We will teach you runes and books
That you may read and write.

Jeg lagde mit Hoved til Elverhøj,
mine Øjne de finge en Dvale;
der kom gangende to Jomfruer ud,
de vilde gerne med mig tale.
Siden jeg hende først saa.

Den ene klapped mig ved hviden Kind,
den anden hvisked mig i Øre:
»Du stat op, favren Ungersvend,
om du vil Dansen røre.

Vaag op, favren Ungersvend,
om du vil Dansen røre;
mine Jomfruer skulle for dig kvæde
det fejreste, dig lyster at høre.«

Den ene begyndte en Vise at kvæde
saa favrt over alle Kvinde:
Striden Strøm den stiltes derved,
som førre var van at rinde.

Striden Strøm den stiltes derved,
som førre var van at rinde;
de liden Smaafiske, i Floden svam,
de legte med deres Finne.

De liden Smaafiske, i Floden var,
de legte med deres Finne;
de liden Smaafugle, paa Kvisten sad,
de fælde deres Sang for hende.

»Hør du, favren Ungersvend,
og vil du hos os blive,
da vil vi kende dig Bog og Rune,
dertil at læse og skrive.

I will teach you bears to trap,
And wild boar tied to an oak,
The dragon with all its hoard of gold
Shall flee the land for your sake.'

And they danced out and they danced in,
They danced the Elfin ring,
Whilst I upon my sword did rest,
A poor bachelor swain.

'O listen to us, you brave young man,
Will you not with us speak?
Then surely spear and sharpest knife
Shall put your heart to sleep.'

If fortune had not made it so
That the cock had flapped its wings,
I would have stayed on the Elfin hill
Among the Elfin things.

So I advise you brave young men
Wherever you may ride,
Take not the road to the Elfin hill
And sleep not on its side.
Never since first I saw them.

Jeg vil lære dig Bjørnen at binde
og Bassen op til Eg;
Dragen med sit møgle Guld
skal rømme af Land for dig.«

De dansed ud, og de dansed ind,
alt i den Elverfærd;
alt sad jeg fattig Ungersvend
og støtted mig ved mit Sværd.

»Hør du favren Ungersvend,
vil du ikke med os tale,
da skal Sværd og hvassen Kniv
lægge dit Hjerte i Dvale.«

Havde Gud ikke gjort min Lykke saa god,
at Hanen havde slaget sin Vinge,
vist havde jeg bleven i Elverhøj
alt hos de Elverkvinde.

Det raader jeg hver dannis Svend,
som ride vil til Hove:
han ride sig ikke til Elverhøj
og lægge sig der at sove.
Siden jeg hende først saa.

The Elfshot
Elverskud

Sir Oluf rides out far and wide,	Hr. Oluf han rider saa vide,
His wedding guests to invite.	alt til sit Bryllup at byde.
So sweetly they tread the dance in the meadow.	*Men Dansen den gaar saa let gennem Lunden.*
Sir Oluf rides out to the hills,	Hr. Oluf rider med Bjerge,
He sees the dancing of the elves.	der gik en Dans med Dværge.
As four and five dance in a ring,	Der danser fire, der danser fem,
The Elf King's daughter waves to him.	Elverkongens Datter rækker Haanden frem.
The Elf King's daughter waves to him,	Elverkongens Datter rækker Haanden fra sig:
'O brave Sir Oluf will you join the ring?'	»Og lyster Hr. Oluf træde Dansen med mig?«
'I dare not my sweet, it's forbidden I say,	»Jeg ikke tør, jeg ikke maa!
Tomorrow is my wedding day.'	i Morgen skal mit Bryllup staa.«
'Listen Sir Oluf, come and dance with me,	»Hør du, Hr. Oluf, træd Dansen med mig!
Two buckskin boots will I give to thee.	to Bukkeskinds Støvler saa giver jeg dig.
Two buckskin boots so well they fit,	To Bukkeskinds Støvler, sidder vel om Ben,
With golden spurs on their heels set.	forgyldene Sporer derom spændt.
Listen, Sir Oluf, come and dance with me,	Hør du, Hr. Oluf, træd Dansen med mig!
A silken shirt will I give to thee.	en Silkeskjorte giver jeg dig.
A silken shirt so fine and white	En Silkeskjorte saa hvid og fin,
My mother bleached it in pale moonlight.'	den blegte min Moder ved Maaneskin.«
'I dare not my sweet, it's forbidden I say,	»Jeg ikke tør, jeg ikke maa,
Tomorrow is my wedding day.'	i Morgen skal mit Bryllup staa.«
'Listen, Sir Oluf, come and dance with me,	»Hør du, Hr. Oluf, træd Dansen med mig!
A bushel of gold will I give to thee.'	et Hoved af Guld saa giver jeg dig.«
'A bushel of gold will I have maybe,	»Et Hoved af Guld kan jeg vel faa,
But I am forbidden to dance with thee.'	men danse med dig jeg ikke maa.«
'O then if you will not dance with me,	»Og vil du ikke danse med mig,
Plague and sickness will follow thee.'	Sot og Sygdom skal følge dig!«

She struck him then such a savage blow,	Hun slog ham mellem hans Hærde
He sank to the ground in pain and woe.	det han faldt neder til Jorde.
She lifted him on to his red-roan steed:	Hun løfted Hr. Oluf paa Ganger rød:
'Now get you home to your bride to be.'	»Du rid nu hjem til din Fæstemø!« –
And when he arrived at the castle gate,	Der han kom til Borgeled,
There stood his mother though the hour was late.	der staar hans Moder og hviler ved.
'O tell me, Sir Oluf, my dearest son,	»Hør du, Hr. Oluf, kære Sønnen min:
Why is your cheek so pale and wan?'	hvi bær du nu saa bleg en Kind?«
'My cheek may well be pale and wan,	»Jeg maa vel bære Kinden bleg,
For the Elfin maids I have danced among.'	for jeg har været i Elverkonens Leg.«
'O tell me, Sir Oluf, my son so fine,	»Hør du, Hr. Oluf, min Søn saa prud:
What shall I tell that bride of thine?'	hvad skal jeg svare din unge Brud?«
'Say I have been out in heath and gorse,	»I skal sige, jeg er i Lunde,
To see my hounds and train my horse.'	at prøve min Hest og saa mine Hunde.«
Early that morning as day broke clear,	Aarle om Morgen, Dag det var,
The bride and wedding guests appear.	da kom den Brud med Brudeskar'.
They poured the mead, they poured the wine:	De skænkte Mjød, og de skænkte Vin:
'O where is Sir Oluf, that bridegroom of mine?'	»Hvor er Hr. Oluf, Brudgom min?«
'Sir Oluf he rides in heath and gorse,	»Hr. Oluf han red sig hen i Lunde,
To see his hounds and train his horse.'	han prøved sin Hest og saa sine Hunde.«
'Has he more care for his horse and hounds,	»Har han kærer' sin Hest og Hund,
Than for his bride who before him stands?'	end han har sin unge Brud?«
She searched so high, she searched so low,	Hun ledte i Lofte, hun ledte i Vraa,
Then found Sir Oluf on a bolster blue.	Hun fandt Hr. Oluf paa Bolster blaa.
She lifted up the cover so red,	Hun tog op det Skarlagen rød,
There lay Sir Oluf stretched out dead.	da laa Hr. Oluf og var død.
Early that morning as day broke warm,	Aarle om Morgen, Dag det var,
Three bodies lay in Sir Oluf's farm.	der kom tre Lig af Hr. Olufs Gaard.
Sir Oluf and his beloved maid,	Hr. Oluf og hans Fæstemø,
His mother too with sorrow laid.	hans Moder blev og af Sorgen død.
- So sweetly they tread the dance in the meadow -	*Men Dansen den gaar saa let gennem Lunden.*

Jomfruen i hindeham

A mother taught her son thus,
- *In the wood* -
'You must not shoot the little hind,
Which carries gold beneath its arm.

You may shoot the hart, you may shoot the roe,
But the little hind you must let go.'

Sir Peter rode through the rose-garden grounds,
A hind frisked about in front of his hounds.

The young hind frisked so merrily,
He forgot that he should leave it free.

He bent his bow across his knee,
And shot the hind against a tree.

He then took off his gloves so fine,
He wanted now to skin the hind.

He began to skin its neck so fair,
And there he found his sister's hair.

When he began its breast to skin,
He found his sister's golden rings.

When he began to skin its side,
There he found her hands so white.

Down to the earth his knife he threw,
'Now have my mother's words come true.'

Over the river come frost and winds,
Lucky the man whom fortune finds.

The crane flies up into the sky,
- *In the wood* -
Lucky the man whom misfortune flies by.
- *Which carries gold beneath its arm.*

Moder lærte hun Sønnen sin:
– *i Skove* –
»Du skyde ikke den hvide Hind!
– *som Guldet bær under Bove.*

Du skyde Hjort og du skyde Raa,
den liden Hind den lade du gaa!«

Hr. Peder ganger i Rosenlund,
der spiller en Hind alt for hans Hund.

Den liden Hind spiller for hans Fod,
han glemte, at han den gange lod.

Han spændte Buen for sit Knæ,
saa skød han den Hind alt til et Træ.

Hr. Peder drog af sine Handsker smaa,
selver vilde han Hinden flaa.

Han flaaed i hendes Nakke,
han fandt sin Søsters Lokker.

Han flaaed i hendes Bringe,
han fandt sin Søsters Guldringe.

Han flaaed i hendes Side,
fandt hendes Hænder hvide.

Hr. Peder kaste sin Kniv mod Jord:
»Nu har jeg sandet min Moders Ord!« –

Der falder Rim alt ud med Aa,
sæl er den Svend, god Lykke kan faa.

Tranen flyver saa højt i Sky,
– *i Skove* –
sæl er den Svend, Ulykke kan fly,
– *som Guldet bær under Bove.*

The Mermaid's Prophecy
Havfruens spådom

The King he caught a mermaid,
- *And she dances on the boards* -
He locks her in the castle keep,
Because she has shown her will.

The Queen calls to her side a squire,
She will of the mermaid now inquire.

Before the Queen the mermaid stood:
'Why did the Queen to me send word?'

The Queen patted a cushion of blue,
'Will you sit here while I speak with you?'

'How can you hold so cheaply my life,
That lies beneath the sharpest knife?'

'If you know that, then you know more,
What does my future hold in store?'

'Three fine sons shall be born to thee,
But you will lose your life for these three.

The first shall King of Denmark be,
The second shall carry the crown I see.

The third shall be so wise a man,
Your life you shall lay down for him.'

She dressed the mermaid in finest red,
Her maidens down to the strand she led.

The mermaid sat on a wave so blue,
The Queen let fall a tear of woe.

'You need not cry for me, O queen,
- *And she dances on the boards* -
Heaven's door stands open I have seen.'
Because she has shown her will.

Kongen han lader en Havfru gribe,
– *den Havfru danser paa Tilje* –
og den lader han i Taarnet knibe.
For hun havde fremmet hendes Vilje.

Dronning kalder paa Svendene to:
»I beder den Havfru ind for mig gaa.«

Ind kom den Havfru, stedtes for Bord:
»Hvad vil I mig Dronning, hvi sendte I mig Ord?«

Dronning hun klapper paa Hynde blaa:
»Vil du, Havfru, her hvile paa?«

»Hvi vil du saa forraade mit Liv,
der ligger under de hvasse Kniv'.«

»Ved du det, saa ved du mer,
du sig mig af min Skæbne fler.«

»Du er med de Sønner tre,
dit unge Liv lader du for de.

Den ene skal Konning i Danmark være,
den anden skal Kronen med røde Guld bære.

Den tredje skal blive saa vis en Mand,
dit unge Liv lader du for ham.«

Hun klædte den Havfru i Skarlagen rød,
hun fulgte hende til Strande med alle sine Møer.

Den Havfru satte sig paa Bølgen blaa,
Dronning hun fældte saa modige Taar.

»Du tør ikke græde for mig,
– *den Havfru danser paa Tilje* –
Himmerigs Dør staar aaben for dig.«
For hun havde fremmet hendes Vilje.

The Maiden in Birdskin
Jomfruen i Fugleham

I know right well a forest,	Jeg ved vel, hvor en Skov hun stander,
Far away at the fiord,	hun staar for uden under Fjord;
And there are found the finest trees	der gror inde de fejreste Træ,
Of which you ever heard.	som nogen Mand haver hørt.
So wins a youth his maiden.	*Saa vinder en Svend sin jomfru.*
There are found the finest trees,	Der gror inde de fejreste Træ,
Both willow and linden grow,	som man kalder Silje og Linde;
And there are found the lovely deer,	der spiller inde de ærlige Dyr,
The buckskin and the doe.	som man kalder Hjorte og Hinde.
There are found both stag and doe,	Der spiller inde baade Hjorte og Hinde,
And other beasts so free,	og andre Dyr saa skønne;
And there the nightingale sings,	der synger saa liden en Nattergal
In the green linden tree.	udi en Lind saa grøn.
And thither came Nilaus Erlandsen,	Det spurgte Nilaus Erlandssøn,
Where he would ride about,	som Dyren var vant at bede;
He saddled then his gold-shod steed	han lader sin Ganger med det røde Guld sko,
And rode to seek it out.	og did rider han at lede.
Yonder rode Nilaus Erlandsen,	Did red Nilaus Erlandssøn,
And searched both far and near,	saa saare da mon han lange;
And though he roamed for three whole days,	der var han i Dage tre,
The bird he could not snare.	han kunde ikke Fuglen fange.
Then he put snares on all the trees,	Saa satte han Snaren paa alle de Træ,
Where the bird she used to sit,	som Fuglen var vant at være;
But the nightingale spied the snare,	den Fugl blev i sine Øjne snar,
So he could not capture it.	han maatte hende dog ombære.
Then he put snares on every path	Han satte Snaren paa alle de Stier,
Where the bird she used to flit,	som Fuglen var vant at gange;
But the nightingale spied the snares	den Fugl var i sine Øjne saa snar,
And he could not capture it.	han kunde hende ikke fange.

And so he took his axe in hand,
For he would fell the tree,
Then came the man who owned the wood,
To stop him from his deed.

'If you cut down my father's tree
And attack my ancient wood,
I promise you Nilaus Erlandsen
You'll pay for it in blood.'

From the hilltop's highest point,
A maiden then appeared:
'Listen, young man, to my advice
And you shall win the bird.

Listen to me my handsome youth
O listen to what I entreat,
You will not catch that bird so free,
Unless you use raw meat.'

He cut the flesh out of his chest,
And hung it on the tree,
She spread her wings and down she flew,
Great was his grief to see.

But when the little nightingale
Pecked at the bloody meat,
She changed into the fairest maid
That you could ever greet.

In her silken gown she stood,
The linden tree beneath,
The knight embraced her in his arms,
They each spoke of their grief.

The knight he took her in his arms,
Caressed her cheek so white:
'Tell me, dearest sweetheart mine,
Now who has caused your plight?'

'I played with roses and lilies,
In my father's hall one day,
My stepmother then came forth
And would not let me play.

Han tog Øksen i sin Haand,
han vilde det Træ nederfælde;
der kom den Mand, der Skoven aatte,
han skød sit Skaft imellem.

»Hugger du neder min fædrene Skov,
og gør du mig den Vælde,
jeg lover dig, Nilaus Erlandssøn,
saa dyrt skal du det gælde.«

Det da mælte den skønne Jomfru,
hun stod paa højen Tinde:
»Ungersvend, vil du lyde mit Raad,
da skal du Fuglen vinde.

Hør du, favren Ungersvend,
og vil du lyde mit Raad:
du faar ikke af vilden Fugl,
uden du har tammen Brad.«

Han skar Braden af sit Bryst,
han hængte det paa Lindekvist,
hun flagred med sine Vinger, hun lod vel om,
fuld ondt var Braden at miste.

Det var da den liden Nattergal,
hun fik den blodige Brad;
saa blev hun til den skønneste Jomfru,
der maatte paa Jorden gaa.

Jomfruen under Linden stod
i Silkesærk hin røde;
Ridderen tog hende udi sin Arm,
de klaged hverandre deres Nød.

Ridderen tog hende i sin Arm,
klapped hende ved hviden Kind:
»Sig mig, allerkæreste min,
hvem voldte Sorrig din?«

»Jeg sad over min Faders Bord,
jeg legte med Roser og Liljer;
min Stifmoder kom der gangende frem,
det var ikke med hendes Minde.

She changed me into a nightingale,
Bade me fly into the wood,
My seven maids she changed to wolves
And bade them drink bird's blood.'

The maiden stood under the linden tree,
And loosened her lovely hair
Her seven maids came running along
Seven wolves they no more were.

And now has Nilaus Erlandsen
Recovered from grief and harm,
For now he sleeps so happily
Upon the maiden's arm.
So wins a youth his maiden.

Saa skabte hun mig til en liden Nattergal,
bad mig ad Skoven flyve;
mine syv Møer i Ulvelige,
bad, de skulde Fuglen rive.«

Jomfruen under Linden stod,
slog ud sit favre Haar;
der kom løbende hendes Tjenestemøer,
som før i Ulvelige var.

Nu har Nilaus Erlandssøn
forvunden baade Angst og Harm;
nu sover han saa gladelig
udi den Jomfru hendes Arm.
Saa vinder en Svend sin Jomfru.

Sir Bosmer in Elfland
Hr. Bøsmer i elverhjem

Sir Bonde dwells down by the stream,
-So deep is my longing-
His two daughters are the fairest seen.
For all my days are days of longing.

He has five sons, two daughters fair,
Sir Bosmer was the handsomest there.

The Elfmaid dwells down by the stream,
Fifteen winters she longed for him.

Fifteen winters and a year had gone,
But Sir Bosmer she had never won.

Late one evening as dew did fall,
She made her way to Sir Bosmer's hall.

She tapped on his door with her fox fur skin:
'Arise, Sir Bosmer and let me in.'

'No meeting have I made aright,
And none shall enter in this night.'

Deft and fine were her fingers small
That loosened then the bolt withal.

She sat down by Sir Bosmer there
And ran her fingers through his hair.

'Now pledge to me these words alone,
Meet me next day at the bridge of stone.'

Sir Bosmer at midnight did awake
And of his dream these words he spake.

'I dreamed of a maiden fair this night,
As fair as a candle burning bright.

I dreamed I saw a maiden fair,
In silken gown, with flowing hair.

Hr. Bonde han bor sig ude ved Aa,
– for mig længes endnu –
saa væne da har han Døtre to.
For mig længes i alle mine Dage.

Døtre to og Sønner fem,
Hr. Bøsmer var den vænest' af dem.

Den Ellekone bor sig ude ved Aa,
vel femten Vintre hun lagde det i Traa.

Femten Vintre og end et Aar,
alt hvor hun skulde Hr. Bøsmer faa.

Silde om Aften, der Dug drev paa,
til Hr. Bøsmers Loft saa monde hun gaa.

Hun klapped paa Loftsdør med sit Skind:
»Stat op, Hr. Bøsmer, og lader mig ind.«

»Ingen dem har jeg Stævne sat,
og ingen kommer i mit Loft om Nat.«

Favrlig' havde hun Fingre og smaa,
og selv tog hun de Laase fraa.

Hun satte sig paa hans Sengestok,
hun leger fast med hans gule Lok.

»Du gør det, Hr. Bøsmer, for din Tro:
mød mig i Morgen paa Stenebro.«

Hr. Bøsmer han vaagner om Midjenat,
udaf sine Drømme siger han saa brat:

»Mig tykte, en Jomfru for mig stod,
hun var saa væn, som Voks var sno't.

Mig tykte, en Jomfru hos mig vaar
i Silkesærk med udslagen Haar.

I pledged to her these words alone,
To meet her at the bridge of stone.'

'Forget your dream, sleep on I pray
The Elfmaid will lead you astray.'

'Let my dream unfold in word and deed,
I say, in truth, my word I'll heed.'

Sir Bosmer bade his squires make speed:
'Now saddle up my grey-roan steed.'

Sir Bosmer rode out from his farm,
His mother cried out in alarm.

And when he came to the bridge of stone,
On its golden shoes his horse slipped down.

His horse it slipped on a nail agleam,
Down fell Sir Bosmer into the stream.

And down he fell to the Elfin land,
Where the Elfmaid took him by the hand.'

'Welcome, Sir Bosmer to this home of mine,
I have mixed the mead and mixed the wine.

Now tell me in your speech so true,
Where you were born and where you grew.'

'In Denmark I was born and grew,
And there my clothes they cut and sew.

There dwells my true love, O so fair,
I would both live and die with her.'

Then to her serving maid she said:
'Now fetch a horn of wine so red.

Now fetch me in an ox's horn,
Drop in two grains of Elfin corn.'

Her serving maid came to the door,
And in her hands the horn she bore.

He drank the horn of blood-red wine,
And then the world slipped from his mind.

'Now tell me in your speech so true,
Where you were born and where you grew.'

Jeg har hende lovet alt paa min Tro,
jeg skal hende møde paa Stenebro.«

»Du lig, Hr. Bøsmcr, giv den Drøm ikk' i Gem,
det er en Ellekone, vilder dig i Søvn.«

»Min Drøm den gange mig, som den maa,
visselig skal jeg holde min Tro.«

Hr. Bøsmer taler til Svende to:
»I sadler mig min Ganger graa.«

Hr. Bøsmer ud af Gaarden red,
hans Moder hun græd, og Hænder hun vred.

Og der han kom paa Stenebro,
der snaved hans Ganger i røde Guldsko.

Gangeren snaved i røde Guldsøm,
Hr. Bøsmer ud for striden Strøm.

Saa sam han til Elverhjem,
den Elvermø gaar ham igen.

»Velkommen, Hr. Bøsmer, hjem til min,
og jeg har blændet baade Mjød og Vin.

Siger mig, Hr. Bøsmer, paa eders Maal,
hvor er I fød, og hvor er I baar'n?«

»I Danmark er jeg fød og baaren,
og der er alle mine Hovklæder skaaren.

Der er ogsaa min Fæstemø,
med hende vil jeg baade leve og dø.«

Den Elvermø taler til Ternen sin:
»Du hent mig ind et Horn med Vin.

Du hent mig ind et Dyrehorn,
og kast deri to Elverkorn.«

Den Terne ind ad Døren tren,
Hornet i hendes Hænder sken.

Han lagde til Munden, og af han drak,
al Verden ham af Hue gik.

»Siger mig, Hr. Bøsmer, paa eders Maal:
hvor er I fød, og hvor er I baar'n?«

'In Elfland I was born and grew,
And there my clothes they cut and sew.

And here you stand, my love so true
I would both live and die with you.'

The Elfmaid now no longer weeps,
Sir Bosmer by her side now sleeps.

But for Sir Bosmer, weep his mother,
Father, sister and his brother.

And most of all his true love cried,
- *So deep is my longing* -
And wept and sorrowed till she died.
For all my days are days of longing.

»I Elverhjem er jeg fød og baaren,
og der er alle mine Klæder skaaren.

Her staar I, min Fæstemø,
med eder vil jeg baade leve og dø.«

Den Elvermø har nu forvunden al sin Kvide,
hun lægger Hr. Bøsmer ved sin Side.

Ham græder for Fader og Moder,
hans Søster og hans Brøder.

Halve mere da græder hans Fæstemø,
– *for mig længes endnu* –
og sørged hun sig selv til Død.
For mig længes i alle mine Dage.

The Knight's Runes
Ridderens runeslag

Sir Peter and Sir Oluf sat at board,	Hr. Peder og Hr. Oluf de sidder over Bord,
And talked together with jesting words.	de snakked saa mangt et Skæmtens Ord.
Yonder awakens my sweetheart	*Op under den Lind der*
under the linden tree.	*vaagner allerkæreste min.*
Sir Peter swore by his faith and said,	Hr. Peder han svor det paa sin Tro,
That he could tempt so many proud maids.	at han vilde lokke saa mangen stolt Jomfru.
'In all the world there is no maid,	»Jeg ved ikke den Jomfru i Verden til,
Whom my runes could not lead astray.'	det jeg vilde jo hende med mine Runer forvilde.«
Sir Oluf struck the board with his fist:	Hr. Oluf slog sin Haand imod Bord:
'Sir Peter you must not boast like this.	»Hr. Peder, du sig ret aldrig slige Ord.
I am betrothed to a maiden so pure	Alt har jeg mig en Jomfru fæst,
Whom you with your runes could never lure.'	du skulde hende ret aldrig med Runer friste.«
'Now I will wager my gold so bright,	»Der vil jeg sætte ved mit røde Guld,
That I could tempt this maid tonight.'	jeg vil lokke den Jomfru hid til mit Bur.«
Sir Peter on his harp did play,	Hr. Peder legte paa sin forgyldene Harpe,
Fair Kirsten heard it from far away.	det hørte liden Kirsten over Marke.
Sir Peter blew on his gilded horn,	Hr. Peder blæste i sin forgyldte Lur,
Home to fair Kirsten the notes were borne.	det hørte liden Kirsten hjem til sit Bur.
Fair Kirsten listened in great delight:	Længe stod liden Kirsten, hun lydde derpaa:
'I wonder, should I go yonder tonight?'	»Mon jeg skulle did i Aften gaa.«
Long stood fair Kirsten and deep was her doubt:	Alt stod liden Kirsten, hun tænkte ved sig:
'None of my maidens dare follow me out.'	»Ingen af mine Møer tør jeg lade følge mig.«
And so fair Kirsten along with her hounds,	Liden Kirsten og hendes liden Hund,
Went out alone through the rose garden grounds.	saa ene gaa de igennem Rosenslund.
She tapped on Sir Peter's door with soft skin,	Hun klapper paa Hr. Peders Loft med sit Skind:
'Arise, Sir Peter and let me in.	»Stat op, Hr. Peder, du lad mig ind!
Arise, Sir Peter and let me through,	Stat op, Hr. Peder, og lad mig ind,
In truth, I needs must speak to you.'	saa ve er mig for Tale din.«

'However needful it may be for you
Tonight, to me, you cannot come through.

I would most gladly open the door,
Were it not for Sir Oluf, your master and lord.

And though you could always hold me dear,
For us Sir Oluf is far too near.'

'Arise Sir Peter and let me in,
The dew lies wet on my fox-fur skin.'

'And lies the dew on your fox-fur skin?
Then turn that out that once was in.'

'If I may not enter into your room,
Let some of your servants see me home.'

'Clear in the sky the moon shines bright,
You must get home by yourself tonight.

Over the croft the moon shines bright,
You must get home by yourself tonight.'

And so fair Kirsten along with her hounds,
Went back alone
    through the rose garden grounds.

Fair Kirsten chose the main road back,
While Sir Oluf took the secret track.

And when she arrived at the castle gate
There was Sir Oluf though the hour was late.

'Welcome fair Kirsten, sweetheart of mine,
Where have you been this long, late time?'

'I have been walking down by the brook,
At the red and blue flowers I wanted to look.

I looked at the flowers so red and so blue
The finest I longed to pick for you.

I saw fine roses both red and white,
They stood in full bloom before my sight.'

'This walk tonight and others akin,
Will make us love's fools without and within.

»Er du saa ve for Tale min,
i Aften da kommer du ikke herind.

Men gerne da vilde jeg lade dig ind,
var det ikke for Hr. Oluf, kære Herre din.

Om du har mig end i Hjertet kær,
Hr. Oluf er os alt for nær.«

»Stat op, Hr. Peder, og lad mig ind,
her driver Dug over mit Skarlagenskind.«

»Driver der nu Dug over dit Skarlagenskind,
da vend det ud, som før vendte ind.«

»Imens du vil ikke lade mig ind,
da lad nogen af dine Svende følge mig hjem.«

»Den Maane hun skinner baade klar og ren,
i Aften maa du nu ene gaa hjem.

Den Maane hun skinner saa klar over Toft,
du gak end ene hjem til dit Loft.«

Liden Kirsten og hendes liden Hund,
saa ene gik de hjem igennem Rosenslund.

Liden Kirsten hun gik den Alfarvej,
Hr. Oluf han gik den lønlig Sti.

Der hun kom til Borgeled,
der stod Hr. Oluf, han hviler sig ved.

»Velkommen, liden Kirsten, allerkæreste min,
hvor har du været om Nattetid.«

»Jeg var mig gangende ude til Aa,
jeg skuede de Blomster brune og blaa.

Jeg skuede de Blomster brune og blaa,
det fejreste agter jeg mig at faa.

Jeg skuede de Roser hvide og røde,
de staar udi deres allerfejreste Grøde.«

»For denne Nats Gang og andre slig,
den daarer os baade saa visselig.

Men Dansen den går · Dæmoner, forvandlinger og runer

This walk tonight and others akin,
Listen fair Kirsten, do not do it again.'

Fair Kirsten sat silently down on her bed,
With grief in her mind and a heart that bled.

As soon as Sir Oluf had fallen asleep,
Then out of his arms fair Kirsten did creep

Shame on Sir Peter and his golden horn,
That tempts so many a bride well-born.

Shame on Sir Peter's horn so bright,
That tempts young maids to go out of a night

Out of her coat drew fair Kirsten a knife,
'At least with some honour I'll take my life.'

Sir Oluf awoke and when he looked up
He found himself swimming in Kirsten's blood.

Against a stone set Sir Oluf his hilt,
And by his own sword was his blood then spilt.

'O listen young men for this is my plea,
Tempt not the maiden who loves purity.'
*Yonder awakens my sweetheart
    under the linden tree.*

For denne Nats Gang og andre flere,
saa Mænd, liden Kirsten, gør det ikke mere.«

Liden Kirsten hun satte sig i sin Seng,
stor Sorrig havde hun i Hjerte og Sinde.

Den første Søvn, Hr. Oluf fik,
liden Kirsten af hans Arm gik.

Skam faa Hr. Peder hans forgyldte Lud,
den sviger saa mangen ærlig Brud.

Skam faa Hr. Peders Guldharpe saa rød,
den daarer saa mangen ærlig Mø.

Liden Kirsten drog Kniv af Ærme rød:
»Alt skal jeg endnu med Æren dø.«

Op vaagned Hr. Oluf, og op han saa,
han svam udi liden Kirstens Blod.

Hr. Oluf satte saa Hjalten imod en Sten,
og Odden den raaded hans Hjerte Men.

Det vil jeg nu give hver Ungersvend for Lære:
prøve sig aldrig den Viv, der Æren har kær.
*Op under den Lind der
    vaagner allerkæreste min.*

Miscellaneous

Viser af blandet indhold

Svend Felding
Svend Felding

It was Sir Svend Felding,
Who would now ride to Rome,
All Danish people wished to praise
The time he did there come.

It was Sir Svend Felding,
He should to Rome now ride,
He called upon a maiden fair
So late one eventide.

She placed him at the table's head,
Amongst the knightly band,
And then the lovely maiden asked
Where he had ridden from.

'This cannot be a pilgrim
We have tonight as guest,
It is the King of Denmark
And he will serve us best.'

'I am not King of Denmark,
My rank is not so grand,
I am a humble farmer's son,
Born in Denmark's land.

Listen to me, fair maiden
And do not troubled be,
Many a child in Denmark is born,
Each to his destiny.'

'All my days have I often heard
That Danes are brave and bold,
I praise and thank our Father God
That one I now behold.'

Det var Hr. Svend Felding,
han skulde ride til Romme;
det monne alle Danske love,
at han monne did komme.

Det var Hr. Svend Felding,
han skulde til Romme ride;
gæsted han sig en Jomfru,
saa sildig en Aftenstide.

Hun satte Svend Felding øverst til Bords
blandt andre Riddere i Skare;
ida spurgte den skønne Jomfru,
alt hveden han kommen var.

»Det er ingen Pilegrim,
os haver i Aften gæst;
det er Kongen af Danmark,
for han vil vide vort bedste.«

»Jeg er ikke Konge i Danmark,
jeg rider ikke saa stærk;
jeg er en fattig Bondesøn,
er født i Danmark.

Hør I det, min skønne Jomfru,
I lader ikke eder fortykke;
der fødes mange Børn i Danmark
og hvert med sin Lykke.«

»Jeg har det alle mine Dage hørt,
de Danske de ere saa fromme;
jeg takker Vorherre saa gerne,
her vil nogen af dem komme.«

And then the fair young maiden
Gave a piteous cry:
'We have an ogre in this land
Who will our land destroy.

We have an ogre in this land
That will our land destroy,
He wants no other food and drink
Than women and maids to enjoy.'

'Had I my horse and harness bright,
With all my soldier's gear,
Then I would do it for your sake
And break the ogre's spear.'

Then they led out three hundred steeds
And they were white as snow,
Svend Felding laid his hands on them,
They bowed down in a row.

'Now I would pay with gold so bright,
One hundred marks or more,
If I had but one Danish horse,
In Denmark bred and born.'

A miller answered with these words,
He stood close by his side:
'I have a goodly Danish horse,
If him you dare to ride.

I have a goodly Danish horse
If him you dare to ride,
Each journey from the mill he bears
A bushel at his side.'

'Listen, now my goodly man,
Come let me see your mount,
And then that Danish horse and I
Will drive the ogre out.'

The horse that then was brought to view,
Was as the miller did say,
A strong and sturdy horse it was
Sven Felding saddled that day.

Det var den skønne Jomfru,
hun monne sig saare give:
»Her er en Trold paa dette Land,
han vil mine Lande fordærve.

Her er en Trold paa vore Lande,
han vil mit Land forøde;
han vil ikke have andet til Kost,
end Fruer og Jomfruer til Føde.«

»Havde jeg Hest, og havde jeg Harnisk,
som var mig vel til Maade,
da vilde jeg for eders Skyld
bryde med Trolden en Stage.«

De ledte frem trehundrede Heste,
og de vare alle hvide;
det første Svend Felding lagde sin Haand paa dem,
de fulde paa Jorden som Tige.

»Der vilde jeg give til det røde Guld
og vel et Hundrede Mark,
at jeg havde nu en danske Hest,
var født udi Danemark.«

Det da svared den Møller,
han stod alt ved den Mur:
»Jeg haver mig en dansker Hest,
om I ham ride turde.

Jeg haver mig en dansker Hest,
om I ham ride turde;
hver Gang han til Møllen gaar,
han kan vel bære et Pund.«

»Hør du, goden Møller,
du lader mig Hesten se;
ere vi baade danske,
vi strider med Trolden led.«

Der den Hest han kom frem,
han var, som Mølleren sagde;
stærk var Hesten, og bred var Bringen,
Svend Felding sin Sadel paa lagde.

He saddled the horse that day so tight,
So tightly with a rope,
But as the horse began to move,
The saddle strap it broke.

'Fifteen golden rings I have,
Which out of Denmark I brought,
If now I had a saddle strap,
With them it could be bought.'

And so the fifteen maidens fair
Began with silks to weave
A saddle strap for Svend Felding
With which he would be pleased.

All early in the morning,
The saddle strap was done,
Two yards long, a quarter thick,
Of silk it had been spun.

Then Svend he took his gauntlets off,
His hands were white as dust,
He saddled the valiant horse himself,
His squires he did not trust.

He saddled his horse so tight, so tight,
As tight as he did please,
That down onto the ground it sank
Bowed down upon its knees.

'O listen now, my valiant horse,
I see you understand,
I will undo the saddle strap.
Before we make our stand.'

And then the horse was so glad,
When he undid the strap,
Sir Svend Felding then stood up,
And sat upon its back.

When first they fought, when first they clashed
Neither of them would yield,
Svend Felding's spear was split in two,
His shield flew into a field.

Svend Felding han gjorded sin Hest
og mest over det tykke;
det første Hesten rørte sig,
da gik den Sadelgjord i Stykke.

»Jeg førte ud af Danmark
vel femten gode Guldringe,
havde jeg en Sadelgjord for dem,
de turde jeg lade springe.«

Femten saa var de skønne Jomfruer,
de vævede med Silke alle,
førend de kunde faa en Sadelgjord,
Svend Felding kunde være til Maade.

Saa aarlig om den Morgen
da var den Sadelgjord rede,
tre Alen lang og Kvarter tyk
og dertil alenbrede.

Svend Felding drog af sine Handsker,
hans Hænder var murende hvide;
selv gjorded han sin gode Hest,
paa Svendene turde han ikke lide.

Han gjorded Hesten saa overfast
og sig saa vel til Maade;
Hesten faldt for ham paa Knæ
og neder til den Jord.

»Og hør du det, min gode Hest,
og har du Mandevid,
da skal jeg dig en Prik linde,
alt førend jeg stiger til dig.«

Og der han havde ham en Prik lindet,
da blev han saa glad;
det var Svend Felding,
han satte sig paa hans Bag.

Det første Ridt de sammen red,
de vare baade saa stærke;
Svend Feldings Sværd det brast itu,
hans Skjold sprang langt i Marke.

Svend Felding then made bold to speak,
And made his meaning plain:
'Meet me here tomorrow morn,
And we will fight again.

It was not a proper fight,
I must prove my horse again,
Meet me tomorrow at this spot
I will fight you man to man.'

Off he went to the chapel so near,
And made himself ready to die,
He ate the bread and drank the wine
That on the altar did lie.

'Now put away my longest pole
Which I have used before,
And bring to me a schooner mast
To carry into war.'

They rode against each other then,
And both were full of wrath:
The evil ogre broke its neck
And fell upon the heath.

The ogre's neck it snapped in two,
His back in fifteen pieces,
And Svend then rode to the maiden fair,
And drank to her health and beauty.

Then he was met by nine good knights
Who helped him off his horse,
'Land and farms we give to you,
And the maiden to marry, of course.'

'No, no my betrothed in Denmark sits,
She waits for me a-grieving,
For a thousand pounds of silver,
I will not be deceiving.

Now you must build a town somewhere
Down by the lake so fine,
Build it for the pilgrims poor,
And give them bread and wine.

Svend Felding fandt paa saa godt et Raad
og sig saa vel til Føje:
»Du møder mig i Morgen paa dette Sted,
saa vil vi hinanden bedre forsøge.

Det var ikke mit Alvor i Dag,
jeg vilde min Hest ikkun prøve;
du møde mig i Morgen paa dette Sted,
jeg vil dig mandeligen bie.«

Saa gik han til Kirken,
og lod han sig berette;
saa tog han det Olje,
han lod det for sig sætte.

»I lægger nu her det lange Spær,
som man i Marken monne føre;
I tager mig hid min Skudemast,
jeg agter hende vel at røre.«

Det andet Ridt, de sammen red,
og de var baade vrede;
Troldens Hals han gik itu,
og han faldt udi Hede.

Troldens Hals han gik itu,
hans Ryg i femten Stykke;
saa red han til den skønne Jomfru,
han mon hende en Skaal tildrikke.

Ud da gik de Riddere ni,
de løfted Svend Felding fra sin Hest
»Land og Riger skal være eder til Rede
og Jomfruen, om I vil hende fæste.«

»Min Fæstemø sidder i Danmark,
hun bær for mig stor Kvide;
for tusind Pund af det hvide Sølv
vilde jeg hende ikke svige.

I lader nu gøre en By
neden ved den Sø
til de fattige Pilegrimme,
og giver dem øl og Brød.

Spare not the bread, spare not the wine,
When the Danish pilgrims arrive,
Remember Svend Felding as best you can,
While you are still alive.

When Danish pilgrims come hither,
Spare neither wine nor bread,
But pray you well for Svend Felding's soul,
From the day that he is dead.'

I sparer ikke Øl, I sparer ikke Mad
til danske Pilegrimme;
I lader dem nyde Svend Felding godt ad,
imens I er udi Live.

I sparer ikke for de Pilegrimme
hverken Vin eller Brød;
I beder godt for Svend Feldings Sjæl,
naar han er død.«

The Young Man's Dream
Den unge mands drøm

One night I lay in bed and dreamed
Of her for whom I pine;
I dreamed I held her in my arms,
At that very time.
I pray to God
    that one day she will be mine.

I turned then quickly in my sleep
To hold that rose of mine;
The rose was gone, I was alone,
With grief my heart did pine.

There are so many in the world
Who suffer such great harms;
I pray to God I see the day
I hold her in my arms.

There are so many in the world
Whose love is thus denied;
I pray to God I see the day
When she lies at my side.

There are so many in the world
Who long thus to be free;
I pray to God I see the day
I bring her home to me.

Each day she's ever on my mind,
At night my dreams she fills;
Would God that soon she might be mine,
Or I forget such ills.

Thus help me God, in truth I pray,
And let me win her love,
I would that she in truth be mine,
For I would worthy prove.
I pray to God
    that one day she will be mine.

Jeg drømte om natten, som jeg lå,
om den, som mig vel undt';
mig tykte, hun i mine arme lå
udi den samme stund.
Mig håbes til Herr' Gud,
    hun måtte end et sind vorde min.

Jeg vendte mig snarlig i søvnen om,
jeg agted det rose at fange;
og borte var rosen, og ene jeg lå,
så såre mit hjerte mon lange.

Der er så mangen i verden til,
der bærer derfor stor harm;
jeg håbes til Herr' Gud, jeg lever den dag,
jeg lægger hend' i min arm.

Der er så mangen i verden til,
der bærer derfor stor kvid';
jeg håbes til Herr' Gud, jeg lever den dag,
jeg lægger hend' hos min side.

Der er så mangen i verden til,
de ville det gerne forvend';
jeg håbes til Herr' Gud, jeg lever den dag,
at jeg vil få hend' hjem.

Om dagen er hun idelig i min hu,
om natten for mig i drøm';
Gud unde, hun snarlig bliver min,
heller snarlig at forglemme.

Og hjælpe mig Gud så sandelig
og nu udi alle min' færd:
unde hend' så sandelig at blive min,
som jeg ved, jeg er hend' vel værd.
Mig håbes til Herr' Gud,
    hun måtte end et sind vorde min.

Sister Woos Brother
Søster beder broder

A sister woos her brother thus,
With love and will so fair,
I never knew of two such souls
Whose wooing could compare.
It would be great grief to part these two,
Who long to be together.

'I would that you were the most handsome knight
Who ever sat down to dine,
Then I would be a stoup of gold
Filled with blood-red wine.'

'It is so hard to be a stoup,
Filled with blood-red wine;
There are so many drunken fools
Would break a stoup so fine.'

'I would that you were the most handsome knight
Who ever a horse did ride;
Then I would be a sword of gold
And hang down at your side.'

'It is so hard to be a sword,
And hang down at my side:
So many drunken fools there are
Against a knight will ride.'

'I would that you were the most beautiful lake
That had never been seen before;
Then I would be a little duck
And swim from shore to shore.'

'It is so hard to be a duck
And swim from shore to shore;
The hawk that hovers in the sky
Would pounce and up then soar.'

Søster beder hun Broder sin
med Elskov og god Vilje,
og aldrig hørte jeg Søskend to,
der fejre sammen kunde gilje.
Det er stor Sorrig at skille dem ad,
som gerne tilsammen vil være.

»Og du skulde være den skønneste Ridder,
der sidde kunde ved Bord,
og jeg vilde være et Stob af Guld
og stande for Ridderen paa Bord.«

»Det er saa ondt et Stob at være
og stande for Ridderen paa Bord;
der kommer saa mangen drukken Daare
og slaar det Stob mod Jord.«

»Da skulde du være den skønneste Ridder,
der nogen Tid Hest kunde ride,
og jeg vilde være et Sværd af Guld
og hænge ved Ridderens Side.«

»Det er saa ondt et Sværd at være
og hænge ved Ridderens Side;
der kommer saa mangen drukken Daare
og vil med Ridderen stride.«

»Da skulde du være den fejreste Dam,
der stande kunde paa Sand,
og jeg vilde være en liden And
og flyde imellem begge de Lande.«

»Det er saa ondt en And at være
og flyde imellem begge de Lande;
den Høg kan flyve saa højt i Sky,
han tager den bort med alle.«

'I would that you were the most beautiful stag,
That in the forest did stay,
Then I would be a little hind
And at your side would play.'

'It is so hard to be a hind,
And by the stag to play:
The hunter rides into the wood
And lets his hounds astray.'

'I would that you were the most beautiful tree
That stood upon the ground,
Then I would be a blade of grass
And at the bole grow round.'

'It is so hard to be the grass
And at the bole grow round;
The oxen wander in the wood
And tread it to the ground.'

'I would that you were the most beautiful tree
That stood upon the heath,
Then I would be a nightingale
And rest your leaves beneath.'

'It is so hard to be that bird
And in the leaves to rest;
So many hear the nightingale
And steal it from its nest.'

'I would that you were the most beautiful church
That stood upon the heath,
Then I would be an altar of gold
And serve the church till death.'

'O sister if you woo your brother,
Take off your pure white gown,
Barefoot shall you walk instead
In sackcloth through the town.'
It would be great grief to part these two,
Who long to be together.

»Da skulde du være den skønneste Hjort,
der gange kunde i Skove,
og jeg vilde være en liden Hind
og spille ved Hjortens Bove.«

»Det er saa ondt en Hind at være
og spille ved Hjortens Bove;
den Jæger han rider saa aarle ud,
han slaar sine Hunde af Tove.«

»Da skulde du være den skønneste Lind,
der stande kunde paa Jord,
og jeg vilde være et lidet Græsstraa
og gro ved Linderod.«

»Det er saa ondt et Straa at være
og gro ved Linderod;
den Okse han driver saa aarle ud,
han træder det under sin Fod.«

»Da skulde du være det skønneste Træ,
der stande kunde paa Hede,
og jeg vilde være en Nattergal fin
og bygge deri min Rede.«

»Det er saa ondt en Nattergal at være
og bygge deri sin Rede,
der lyder saa mange paa Nattergalesang
og tager den af sit Sæde.«

»Da skulde du være den skønneste Kirke,
der stande kunde paa Hede,
og jeg vilde være et Alter af Guld
og stande den Kirke tilrede.«

»O Søster, giljer du Broder din!
før dig af Særken hin hvide!
barfodet skulde du gange,
og Haarklæder skulde du slide.«
Det er stor Sorrig at skille dem ad,
som gerne tilsammen vil være.

Svend in the Rose Garden
Svend i rosengård

'O where have you been at this late hour?
- *Svend in the rose garden.'* -
'O, I have been in the field, dear mother,
I shall return late or never.'

»Hvor har du været så længe?
Svend i rosensgård!«
»Og jeg har været i enge, kære moder vor!
I vente mig sent eller aldrig!«

'O, why is your sword so wet with blood?'
'Because I have killed my brother so good.'

»Hvorfor er dit sværd så blodigt?«
»For jeg har dræbt min broder.«

'O where will you go now, Svend, my son?'
'I will flee the land, for ever anon.'

»Hvor vil du dig hen vende?«
»Jeg vil af landet rende.«

'And what will you do with your good wife?'
'She must spin for her food to stay alive.'

»Hvor vil du gøre af hustruen din?
»Hun skal spinde for føden sin,

'And what of your children so young and fine?'
'I will place them with friends of mine.'

»Hvor vil du gøre af børnene dine?«
»Jeg vil sætte dem til vennerne mine.«

'And when shall we ever see you come back?'
'When all women are widows wearing black.'

»Når vil du dig hjem vende?«
»Når alle kvinder bliver enke.«

'And when will all women be widows, my son?'
'When all the brave men are dead every one.'

»Når bliver alle kvinder enke?«
»Når alle mænd bliver døde.«

'And when will brave men be dead every one?'
'When all our farms stand empty and cold.'

»Når bliver alle mænd døde?«
»Når huse og gårde bliver øde.«

'And when will our farms stand empty and cold?'
'When ravens grow as white as the swans.'

»Når bliver huse og gårde øde?«
»Når vi ser hvide ravne.«

'And when will ravens grow white as the swans?'
'When the swans grow black as night every one.'

»Når ser vi hvide ravne?«
»Når vi ser sorte svaner.«

'And when shall we see black swans, my son?'
'When, mother dear, we see feathers sink down.'

»Når ser vi sorte svaner?«
»Når vi ser fjedren synke.«

'And when shall we see feathers sink, my son?'
'When, mother dear, we see floating stones.'

»Når ser vi fjedren synke?«
»Når vi ser stenen flyde.«

'And when shall we see floating stones, my son?'
'When, mother dear, we watch the seas burn.'

»Når ser vi stenen flyde?«
»Når vi ser havet brænde.«

'And when shall we watch the seas burn, my son?
- *Svend in the rose garden.'* -
'O my mother dear, when doomsday comes,
I shall return late or never.'

»Når ser vi havet brænde?
Svend i rosensgård!«
»Når vi ser verdens ende, kære moder vor!
I vente mig sent eller aldrig!«

The Talking Lyre
Den talende strengeleg

There lived a man in Odense town	I Odense by der boede en mand,
Who had two daughters of fair renown.	to dejlige døtre havde han.
O Lord, O Lord, O Lord God.	*O Herre, o Herre, o Herre Gud!*
The younger was as bright as the sun,	Den yngste var så klar som sol,
Dark as the earth was the elder one.	den ældste var så sort som jord.
Two suitors arrived one day at their home,	Så kom der to bejlere gangende frem,
And both of them sought the younger alone.	ja de bejled til den yngste af dem.
Both of them sought the younger one,	Og alle vilde de den yngste ha',
And both the elder sister did shun.	ja, alle vilde de den ældste forsmå.
'Now let us go and bathe on the strand,	»Og lad os gå til stranden at to,
And wash ourselves as white as the sand.	og lad os to os hvide.
O let us wash ourselves so white,	lad os to os hvide,
That we will both then look alike.'	at vi blive søstere lige.«
The younger went first with flowing hair,	Den yngste gik foran med udslagne hår,
The elder followed with an evil glare.	den ældste gik bagefter med onde råd.
The younger then sat down to bathe,	Den yngste satte sig ned at to,
The elder pushed her into a wave.	den ældste skød hende ud med sin fod.
'O sister dear if you save my life,	»O min kær søster! du frelse mit liv,
Then I will give you my silver knife.'	så giver jeg dig min sølvslagne kniv.«
'O drown, O drown and lose your life,	»0 synk, o synk, kom aldrig til liv!
Then I will have your silver knife.'	så vel får jeg din sølvslagne kniv.«
'O sister dear, if you help me through,	»O min kær søster! du hjælpe mig på fod!
Then I will give you my buckled shoe.'	så giver jeg dig mine sølvspændte sko.«
'O drown, O drown and never come through,	»O synk, o synk, kom aldrig på fod!
Then I will have your buckled shoe.'	så vel får jeg dine sølvspændte sko.«
'O sister dear if you help me ashore,	»O min kær søster! du hjælpe mig op!
Then I will give you my golden hair.'	så giver jeg dig min gule lok.«

'O drown, O drown come never ashore,
Then I will have your golden hair.'

'O sister dear if you help me to land,
Then you will have my lover's hand.'

'O drown, O drown reach never the land,
Then I will have your lover's hand.'

Two minstrels at the beach arrived,
And they cut off her fingers five.

And they cut off her fingers five
And made them into keys.

And they cut off her golden locks,
And made them into strings.

'Now let us go into the town today,
Where they are holding the wedding day.'

And first they sung about the bride,
Who drowned her sister
    at the seaside.

And then the minstrels sung once more,
Of the bride's sister who floated ashore.

And when they played their final song
The bride began to weep ere long.

On Sunday she sat in the seat of the bride,
On Monday her feet in irons were tied.

On Tuesday she stood a prisoner condemned,
On Wednesday on the fire she burned.
O Lord, O Lord, O Lord God.

»O synk, o synk, kom aldrig op!
så vel får jeg din gule lok.«

»O min kær søster! du hjælpe mig til land!
så giver jeg dig min fæstemand.«

»O synk, o synk, kom aldrig til land!
så vel får jeg din fæstemand.«

Så kom der to spillemænd gangende frem,
ja, de skar af hende fingrene fem.

Ja de skar af hende fingrene små,
ja de gjorde de til skruer.

Så skar de af hendes gule lok,
ja det gjorde de til strenge.

»Og lad os gå hen til den by,
hvor det store bryllup er udi.«

Så spilled de for det første,
og det var om bruden,
    der havde druknet sin søster.

Så spilled de for det andet,
og det var om brudens søster var flydt til lande.

Så spilled de for det tredje,
ja, der begyndte bruden at græde.

Om søndagen sad hun på brudebænk,
om mandagen lå hun, i jern var spændt.

Om tirsdagen lå hun på retterbænk,
om onsdagen lå hun på bålet, var brændt.
O Herre, o Herre, o Herre Gud!

Agnete and the Merman
Agnete og havmanden

Agnete was walking on Hojeland's bridge,
When up from the depths a merman swam,
- *haa haa haa* -
When up from the depths a merman swam.

Agnete hun ganger paa Højelands Bro,
da kom der en Havmand fra Bunden op,
– haa haa haa –
da kom der en Havmand fra Bunden op.

'Listen Agnete, now listen to me,
Will you be my sweetheart down in the sea?'

»Og hør du, Agnete, hvad jeg vil sige dig:
og vil du nu være Allerkæresten min?«

'O yes, indeed, in truth I will be,
When you take me down to the depths of the sea.'

»O ja saamænd, det vil jeg saa,
naar du ta'r mig med til Havsens Bund.«

Her ears and mouth he stopped with great glee,
Then carried her down to the depths of the sea.

Han stopped hendes Øre, han stopped hendes Mund,
saa førte han hende til Havsens Bund.

They lived together for eight years or more,
And seven sons Agnete for him bore.

Der var de tilsammen i otte Aar,
syv Sønner hun da ved den Havmand faar.

By the cradle Agnete sat and did sing
When she heard the Engeland's church bells ring.

Agnete hun sad ved Vuggen og sang,
da hørte hun de engelandske Klokkers Klang.

Agnete arose, to the merman she said:
'O may I not into the church now tread?'

Agnete hun ganger for den Havmand at staa:
»Og maa jeg mig udi Kirken gaa?«

'O yes, indeed, in truth you may,
But you must return to the children some day.

»O ja saamænd, det maa du saa,
naar du vil komme igen til Børnene smaa.

And when you come to the graveyard there,
You must not let down your golden hair.

Men naar du kommer paa Kirkegaard,
da maa du ikke slaa ud dit favre gule Haar.

And when you enter the church so wide,
You must not sit at your mother's side

Og naar du kommer paa Kirkegulv,
da maa du ikke gaa til din Moder i Stol.

And when the priest speaks the name of the Lord,
You must not bow your head to the floor.'

Naar Præsten nævner den høje,
da maa du dig ikke nedbøje.«

Her ears he shut, her mouth he bound,
Then he followed her up to the holy ground.

Han stopped hendes øre, han stopped hendes Mund,
saa førte han hende til den engelandske Grund.

And when she entered the graveyard there,
She straightway let down her golden hair.

Da hun kom paa Kirkegaard,
da slog hun ud sit favre gule Haar.

And when she entered the church so wide,
She straightway sat at her mother's side.

And when the priest spoke the name of the Lord,
She straightway bowed her head to the floor.

'Listen Agnete, to these words give your ears,
Where have you been these eight long years?'

'I have been eight years in the depths of the sea,
And seven sons has the merman given to me.'

'Listen Agnete fair daughter of mine,
What did he give for your honour so fine?'

'He gave me a beautiful golden band,
There's none to compare
        with it on the Queen's hand.

He gave me a pair of gold-buckled shoes,
No finer pair could the Queen ever choose.

And he gave me a harp of golden renown,
Whereon I should play
        when grief weighed me down.'

The merman made a path so straight,
Up from the beach to the churchyard gate.

Into the church the merman came,
Each picture turned round within its frame.

Like purest gold was the merman's hair,
His eyes were full of grief and care.

'Listen Agnete to what I now say,
Your children below are pining away.'

'Let them pine, let them pine, I do not care,
For never more will I go back there.'

'O think of the strongest and think of the weak,
O think of the babe in the cradle asleep.'

'I'll think never more of the strong or the weak,
And least of all of the baby asleep,
- *Haa haa haa* -
And least of all of the baby asleep.'

Den Tid hun kom paa Kirkegulv,
saa gik hun til sin kær Moder i Stol.

Da Præsten nævnte den høje,
hun monde sig dybt nedbøje.

»Og hør du, Agnete, hvad jeg vil sige dig:
hvor har du været i otte Aar fra mig?«

»I Havet har jeg været i otte Aar,
syv Sønner har jeg der med Havmanden faaet.«

»Og hør du, Agnete, kær Datter min:
hvad gav han dig for Æren din?«

»Han gav mig det røde Guldbaand,
der bindes ikke bedre
        om Dronningens Haand.

Han gav mig et Par guldspændte Sko,
der findes ikke bedre paa Dronningens Fod.

Og han gav mig en Harpe af Guld,
at jeg skulde spille paa,
        naar jeg var sorrigfuld.«

Den Havmand han gjorde en Vej saa bred,
fra Stranden og til Kirkegaardens Sten.

Den Havmand han ind ad Kirkedøren tren,
alle de smaa Billeder de vendte sig omkring.

Hans Haar var som det pureste Guld,
hans Øjne de var saa sorrigfuld.

»Og hør du, Agnete, hvad jeg vil sige dig:
og dine smaa Børn de længes efter dig.«

»Lad længes, lad længes, saa saare som de vil,
slet aldrig kommer jeg mere dertil.«

»O tænk paa de store, og tænk paa de smaa,
og tænk paa den lille, som i Vuggen laa.«

»Ret aldrig tænker jeg paa de store eller smaa,
langt mindre paa den lille, der i Vuggen laa,
– haa haa haa –
langt mindre paa den lille, der i Vuggen laa.«

Afterword
The Ballads: history and tradition
Efterord
Folkeviserne: historie og tradition

The term 'medieval ballad' is used to refer to a genre of poetry which has its origins in an oral tradition from the Middle Ages. This oral tradition, expressed both in music and dance, precedes the written text. But despite the fact that nearly every text was written down much later, ballad historians remain confident that the origins of the ballads may be found in an early medieval tradition. This is also reflected in the evidence of the ballads in Denmark. The Danes were the first in the European oral tradition to write their ballads down.

Many of the ballads were gathered together for the first time in a manuscript collection compiled between 1553 and 1555 called *Hjertebogen* (*The Heart Book*), so called because of its shape. This collection was begun by young noblemen and women in the circle of the court of King Christian III who gathered together their favourite songs, lyrics and ballads. Another important collection was made some thirty years later in the folio manuscript known as *Karen Brahe's Folio* (circa 1583). This collected together two hundred ballads.

Then in 1591, the historian Anders Sorensen Vedel set up his own printing house Liljebjerget (*Mountain of Lilies*) in Ribe and published *Et Hundred udvalgte Danske Viser* (*One Hundred Selected Danish Ballads*) collected from both aristo-

Betegnelsen »middelalderviser« (folkeviser) bruges i forbindelse med en poetisk genre, som har sit udspring i en mundtlig tradition i middelalderen. Denne mundtlige tradition, udtrykt både i musik og dans, går forud for den skrevne tekst. På trods af den sene nedskrivning er folkevisehistorikere stadig overbevist om, at folkevisernes oprindelse kan findes i en tidlig middelaldertradition. Dette er også, hvad folkeviserne vidner om. Danskerne var de første i den europæiske, mundtlige tradition, der nedskrev deres folkeviser.

Mange af folkeviserne blev samlet første gang i en manuskriptsamling indsamlet mellem 1553 og 1555, kaldet *Hjertebogen* på grund af dens form. Denne samling blev påbegyndt af unge adelsmænd og –kvinder, knyttet til Kong Christian IIIs hof, som lavede samlinger af deres yndlingssange, digte og viser. En anden vigtig samling blev foretaget ca. tredive år senere i et folio manuskript, kendt som *Karen Brahes Folio* (ca. 1583). Denne samling bestod af 200 folkeviser.

I 1591 grundlagde Anders Sørensen Vedel sit eget trykkeri, Liljebjerget, i Ribe og udgav *Et Hundred udvalgte Danske Viser*, indsamlet både fra den aristokratiske og folkelige tradition. Bogen er den første trykte samling i Europa. Disse visers vedvarende popularitet viser sig ved, at der i de hundrede år, der gik mellem 1553, hvor

cratic and folk traditions. This was Europe's first printed collection of ballads. The enduring popularity of these early songs and ballads is demonstrated by the fact that in the hundred years between 1553, when The Heart Book was begun, and Vibeke Bild's Greater Folio manuscript in 1646, there were fifteen manuscript collections of songs and ballads.

The printed tradition is further maintained in Mette Gjoe's text *Tragica* (1657). In 1695, Peter Syv printed an augmented edition of Vedel's book which went through a number of printings from that date to 1787. A further expansion of the Vedel-Syv collection, published in 1814, contained ballad tunes for the first time. By then some of the ballads had found their way into translation, albeit into Scots dialect, with the publication of Robert Jamieson's *Popular Ballads and Songs* (1806), which contained translations of five ballads, and *Popular and Heroic Ballads* (1814) which included seventeen ballads.

By the time the romantic movement was under way, there was a renewed interest in Danish history and Nordic mythology as evidenced by the publication between 1812-14 of Knud Lyne Rahbeck's five-volume edition of *Udvalgte Danske Viser fra Middelalderen* (*A Selection of Danish Ballads from the Middle Ages*). This was the forerunner of the revival of interest in national literature which reached its fruition with Svend Grundtvig's

Hjertebogen blev til og frem til Vibeke Bilds Store Folio manuskript fra 1646, forekom 15 manuskriptsamlinger af sange og viser.

Den trykte tradition er videreført i Mette Gjøes tekst *Tragica* (1657). I 1695 trykte Peder Syv en forøget udgave af Vedels Bog, som blev genoptrykt fra det år til 1787. En yderligere udvidelse af Vedel – Syv samlingen, udgivet i 1814, indeholdt for første gang folkevisemelodier. På det tidspunkt var nogle af folkeviserne blevet oversat til skotsk dialekt, i forbindelse med udgivelsen af Robert Jamieson's *Popular Ballads and Songs*, som indeholdt oversættelser af 5 danske folkeviser, og *Popular and Heroic Ballads* (1814) med sytten folkeviser.

I og med at den romantiske bevægelse var i gang, blev der en fornyet interesse for dansk historie og nordisk mytologi, hvilket bevidnes af Knud Lyne Rahbeks fem binds udgave fra 1812- 14 af *Udvalgte Danske Viser fra Middelalderen*. Dette var en forløber for genoplivelsen af interessen for national litteratur, som nåede sin virkeliggørelse med Svend Grundtvigs *Danmarks gamle Folkeviser*, påbegyndt i 1853. Værket (DGF) indeholder over femhundrede folkeviser i mange versioner (opskrifter) og afspejler Grundtvigs forsæt om at indsamle alle kendte ballader og deres varianter. Det mundtlige element betyder, at ikke blot er der mange bevarede versioner, men datering og kompositorisk ræk-

Danmarks gamle Folkeviser, begun in 1853. This contains over five hundred ballads in many versions and reflects Grundtvig's intention of collecting all the known ballads and their variants. The oral element means that not only are there many extant versions, but dating and compositional chronology are difficult to establish. This mammoth task was completed finally in 1976.

Although the documented evidence is quite substantial, there are tantalisingly few manuscript examples that survive from the Middle Ages. One might, therefore, ask on what grounds the ballads can legitimately be called medieval? One answer is that, although we may be uncertain about the dating of the ballads, we can be fairly confident about the events to which they refer. The historical incidents which are recorded in the ballads clearly date from the twelfth, thirteenth and fourteenth centuries. For example, *Valdemar and Tove* refers to events in the 1160s, the ballads about Queen Dagmar date to events from about 1205, the *Marsk Stig* ballads deal with the death of King Erik Klipping in 1286, and the ballad of *Niels Ebbesen* is about the killing of the German Count Gert in 1340.

Furthermore, the formulaic style and much of the diction although not easily dated is certainly old. So despite the fact that there are a considerable number of variants of individual ballads the essential stability of the ballad style has clearly been established at an early date. The metres and rhythms of the ballads have been well preserved not least because the musical framework and the rhythms of movement of the dance which accompanied them would have led to a need for repetition rather than variation.

A third reason for assigning the ballads to a medieval dating is that despite the improvisation of the ballad singer in performance, and that over time verses were added and others dropped away, the essential memorised core of the ballad can be clearly traced across the centuries. As David W.

kefølge er vanskelig at fastslå. Denne kæmpe opgave blev fuldendt i 1976.

Skønt visernes vidnesbyrd er ganske anseligt, er der beklageligt få manuskripter bevaret fra middelalderen. Man kunne derfor spørge, på hvilket grundlag folkeviserne med rette kan kaldes middelaldertekster. Et svar er, at skønt vi er usikre med hensyn til dateringen af folkeviserne, kan vi være nogenlunde sikre på de begivenheder, de henviser til. De historiske hændelser, som er videregivet i folkeviserne, stammer helt klart fra det tolvte, trettende og fjortende århundrede. For eksempel henviser *Valdemar og Tove* til begivenheder i 1160erne, viserne om dronning Dagmar til begivenheder omkring 1205, *Marsk Stig* viserne handler om Kong Erik Klippings død i 1286, og visen om Niels Ebbesøn er om drabet på den tyske Grev Gert i 1340.

Endvidere er den formelagtige stil og meget af diktionen, skønt vanskelige at datere, med sikkerhed gamle. Selv om der er et anseligt antal varianter af hver enkelt folkevise, er stabiliseringen af selve folkevisestilen tydeligvis blevet fastlagt på et tidligt tidspunkt. Folkevisernes versemål og rytme har været velbevaret, ikke mindst fordi den musikalske ramme og dansens rytmer, som ledsagede dem, styrkede nødvendigheden af gentagelse snarere end af variation.

En tredje grund til at datere folkeviserne til middelalderen er – trods visesangerens improvisationer ved fremførelsen og bortfald og tilføjelse af linjer i tidens løb – at visens erindrede kerne kan spores gennem århundreder. Som David W. Colbert peger på i sit essay om folkeviserne i *A History of Danish Literature* (ed. Rossel): »folkeviserne er ikke udsat for endeløs individualiseret variation, for de er holdt sammen af stilistiske træk som tilsammen definerer genren«. Men der er selvfølgelig altid forskellige opskrifter til den samme ret, og den endegyldige og fuldendte folkevise findes ikke.

Colbert points out in his essay on the ballads in *A History of Danish Literature* (ed. Rossel) 'the ballads are not at the mercy of endlessly individualizing variation, for they are held together by stylistic features that, taken together, define the genre.' Having said that, there are always different recipes for the same dish, and there is no such thing as the definitive or perfect ballad.

Ballad Style

The ballads and their metrical patterns are essentially simple. A stanza usually consists of either two line or four line verses with a regular number, though not always, of accented syllables. This verse pattern is usually invariable, i.e. it is repeated from verse to verse, either in the couplets or the quatrain. The ballad makers usually rhymed, to 'close out' the verse before the next one, with the second and fourth lines rhyming. The rhyme is often assonantal. Some of the verse is repetitive, yet incremental, rising to a dramatic ending at the climax. Many lines are monosyllabic and alliteration is not uncommon.

The refrain (*omkvaed*) is a characteristic element of the ballads repeated in the last line of every stanza or after the last line. In ballads with stanzas of two lines there is often a refrain between the two lines. The refrain might give you an idea of the content of the ballad as in Ebbe Skammelson: '*And thus roams Ebbe Skammelson so many wild ways,*' but often it expresses the basic mood of the ballad: '*Comes the dawn and the dew drifts over the dale.*' (*Torben's Daughter and her Father's Slayer*).

It is also worth noting that as the ballads were originally both sung and danced to the refrain was sung by all the dancers whereas the individual stanzas were sung by the lead singers. This is a tradition that still continues in the Faroe Islands.

Some other key points to note in reading them are the impersonal element, the concentration of the narrative, much of it told through

Folkevisestil

Viserne og deres metriske mønstre er i bund og grund enkle. En strofe består almindeligvis enten af to eller fire verselinjer med et regelmæssigt antal, dog ikke altid, betonede stavelser. Dette linjemønster er sædvanligvis konstant, dvs. det bliver gentaget fra strofe til strofe, tolinjet eller firelinjet. Folkevisedigterne rimede sædvanligvis for at »runde strofen af« før den næste, hvor 2. og 4. linje rimede. Det er ofte halvrim. Nogle af stroferne er præget af gentagelser, men vokser i intensitet for at løfte sig til en dramatisk slutning. Mange linjer består af en række af enstavelsesord, og brug af bogstavrim er ikke ualmindelig.

Et karakteristisk træk ved folkeviserne er omkvædet (the refrain), gentaget i sidste linje af hver strofe eller efter sidste linje. I viser med tolinjede strofer finder man ofte omkvæd mellem de to linjer (mellemkvæd). Omkvædet kan give en ide om visens indhold som omkvædet i Ebbe Skammelsøn for eksempel: *Fordi træder Ebbe Skammelsøn så mangen sti vild.* Men ofte udtrykker omkvædet visens lyriske grundstemning: *Der dagen han dages og duggen den driver så vide (Torbens datter).*

Det er også værd at notere sig at viserne oprindelig både blev sunget og danset. Omkvædet blev sunget af alle de dansende, mens de enkelte strofer blev sunget af forsangerne alene. Dette er en tradition som stadig fastholdes på Færøerne.

Andre bemærkelsesværdige nøglebegreber er det upersonlige element, med fortællingen som det centrale, ofte fremført i dialog, og de relativt sekundære lyriske indslag. Fortællingen var det vigtigste, og visesangeren/digteren var opsat på at fortælle sin historie. Der er derfor kun beskeden interesse for at beskrive landskab eller lokalitet. Fraværet af en dominerende forfatterstemme stemmer godt overens med det begrænsede antal linjer og manglen på udsmykning af fortællingen. Man kan dog stadig overraskes og frydes ved enkelte linjers umiddelbarhed og skønhed som de smukke bogstavrim i *Torbens*

dialogue, and the relatively incidental nature of the poetry. The story was paramount and the singer/writer was intent on telling his tale. There is, consequently, little interest in description of landscape and location. The absence of a strong authorial voice is matched, too, by the spareness of the verse and the lack of any embroidering or embellishment of the narrative. However, we can still be surprised and delighted by individual lines of directness and beauty like the lovely alliteration in *Torben's Datter og hendes Faderbane*, (*Torben's Daughter and her Father's Slayer*): *'Comes the dawn and the dew drifts over the dale.'*

And in *Elverskud* (*The Elfshot*), the vivid image of:

'A silken shirt so fine and white,
My mother bleached it in pale moonlight.'

Occasionally we also note that some rudimentary personal description is made. In *Moens Morgendromme* (*The Maiden's Morning Dream*) as Vesselil enters the room the balladeer comments that *'like sunbeams she did pierce the gloom.'* *Lovel and Jon* is interesting in this respect, not only for its witty tone, but for the fact that it is the nearest that we come to characterisation in the ballads.

The Ballad World

It has become customary to classify the ballads into particular groups: Historiske Viser (Historical Ballads), Kaempeviser (Heroic Ballads), Ridderviser (Knightly or Chivalric Ballads) and Tryllevise (Faery and Folklore Ballads) being the principal ones.

Historical ballads have already been noted as a possible source for the dating of the earliest ballads, but beyond that they record important events in Danish history that have embedded themselves in the national narrative. There are major sequences of ballads about Queen Dag-

Datter og hendes Faderbane: *»Der dagen han dages og duggen den driver så vide.«*

Og i *Elverskud*, det levende billede af:

*»En silke-skjorte saa hvid og fiin,
den blegte min moder ved maane-skin.«*

Stedvis kan forekomme tilløb til personbeskrivelse. I *Møens Morgendrømme* kommenterer viseforfatteren Vesselils entré med *»det var, alt ligesom solen havde sken.«* *Lave og Jon* er interessant i så henseende, ikke blot på grund af den vittige tone, men fordi det er det nærmeste vi kommer karakteristik i folkeviserne.

Folkevisernes univers

Det er blevet almindeligt at anbringe folkeviserne i særlige grupper: historiske viser, kæmpeviser, ridderviser og trylleviser er hovedgrupperne.

Historiske viser er allerede blevet anført som en mulig kilde til datering af de tidligste viser, men ud over det registrerer de begivenheder i dansk historie, som er blevet en del af den nationale fortælling. Der er en lang række folkeviser om Dronning Dagmar, Valdemar II's hustru, og fire viser om Marsk Stig Andersen og hans andel i mordet på Kong Erik Klipping, som fandt sted den 11. februar 1286. Marsk Stig Andersen var impliceret som leder af sammensværgelsen. Han bliver kaldt Marsti i viserne – en traditionel sammenblanding af hans titel og fornavn. Alle fire folkeviser indgik i sidste instans i *»Den lange Marsk Stig Vise«* fra et senere tidspunkt.

En anden folkevise af historisk interesse er den allegoriske *Ørnevise*. Digtet begynder som et middelalderligt *»fugleparlament«*. De *»små«* fugle i skoven (folket) vælger ørnen (Kong Christian II) som deres konge til at beskytte sig mod den truende høg (Frederik I). Men høgen samler sin *»flok af høge«* og jager ørnen ud. Så tager høgene magten og terroriserer de andre dyr. Følgerne for dem ses klart:

mar, Valdemar II's wife, and four ballads about Lord Marshal Stig Andersen and his part in the murder of King Erik Klipping which took place on February 11, 1286. The Marsk (Lord Marshal), Stig Andersen, was implicated as the leader of the plot. He is called Marsti in the ballads – the conventional fusion of his title and his first name. All four ballads were eventually combined into *'Den Lange Marsk Stig Vise'* (*The Long Ballad of Marsk Stig*) at a later date.

Another ballad of historical interest is the allegorical *Oernevisen* (the Eagle Ballad). The poem begins like a medieval 'parliament of fowls'. The 'small' birds of the forest (the people) elect the eagle (King Christian II) as their king to protect them from the threatening hawk (Frederick I). But the hawk gathers his 'host of hawks' and drives the eagle out. The hawks then take over and terrorise the other animals. The consequences for them are clearly seen:

'Now there is sorrow in the wood
Which once was filled with song.'

The parallels with contemporary history are clear. Frederick I's unrelenting struggle with Christian II culminated in Frederick breaking his promise of safe conduct for Christian when he arrived in Copenhagen in 1532, Christian remaining a prisoner in Danish castles until his death in 1559. As the balladeer says in the final verse, the eagle:

'finds no place or shelter
Where he can build his home.'

The ballad is also unusual in that it is clear where the narrator's sympathies lie. His comment towards the end of the poem, when he says of the birds in the wood, 'I pity them,' is most unusual and foreign to the ballad style.

Of the so-called heroic ballads, *Svend Feld-*

»Nu er der Sorg udi Lunde,
Som før var Fuglesang«

Parallellerne til samtidens historie er klare. Frederik Is ubønhørlige strid med Christian II kulminerede med, at Frederik brød sit løfte om frit lejde til Christian, da han kom til København i 1532. Christian forblev fange i danske fængsler til sin død i 1559. Viseforfatteren siger i sidste strofe, at ørnen:

»Han ved hverken Ly eller Læ,
hvor han tør bygge sin rede.«

Denne folkevise er også usædvanlig ved, at det står klart, hvor fortællerens sympati er placeret. Hans kommentar mod slutningen af digtet, hvor han siger om fuglene i skoven, at han »har ondt af dem« er usædvanlig og fremmed for folkevise-stilen.

Af de såkaldte kæmpeviser er *Svend Felding* og *Hagbard og Signe* blandt de mest kendte. Svend Felding er en ægte folkloristisk skikkelse, og omkring ham har samlet sig forskellige myter.

En interessant side af visen er den direkte omtale af hans altergang natten før kampen mod uhyret, eftersom kirken og religiøs adfærd forekommer så sjældent i viserne. Fortællingen om Hagbard og Signe er hovedsageligt bygget på legenden fundet i *Saxo Grammaticus: Gesta Danorum,* (ca. 1150 – ca.1220, den første vigtige danske historiker), men fortællingen er kendt i hele Skandinavien. Baggrunden er stammestridigheder i det femte århundrede, men visen er interessant, fordi den på dramatisk vis fastholder spændingen, ikke blot i forbindelse med den bitre og blodige strid mellem de to stammer, men også i det andet motiv, Hagbard og Signes kærlighed, som er trofast selv i døden. Da kongen forstår, hvad der er sket, befaler han at de elskende skal reddes, men det er tragisk nok for sent.:

ing and *Hagbard and Signe* are amongst the best known. Svend Felding is a genuine folklore figure and around him have accumulated a variety of myths. One interesting aspect of the ballad is the explicit reference to his taking holy communion the night before fighting with the ogre, since the church and religious practice figure so rarely in the ballads. The story of Hagbard and Signe is essentially based on the legend found in *Saxo Grammaticus*, (c.1150 – c.1220 the first important Danish historian), but the story is known all over Scandinavia. The background to it lies in the clan warfare of the fifth century, but the ballad is interesting as it holds dramatically in tension not only the bitter and bloody struggle between two clans but the secondary motif, the love of Hagbard and Signe which is faithful even in death. Tragically, realising what has happened, the King commands that both lovers be saved, but it is too late:

'If I had known before today
Their love was strong as death,
I would not have acted thus,
For all of Denmark's wealth.'

»Havde jeg det førre vidst,
der Elskoven havde været saa stærk,
jeg vilde ikke have gjort den Gerning i Dag
for al Danemark.«

The most famous of the Ridderviser is without doubt *Ebbe Skammelson*. Ebbe's brother, Peter, deceives Ebbe's betrothed Lucielille into believing that her absent lover is dead and treacherously and successfully wins over Lucielille. The tragedy unfolds with Ebbe's return on the morning of his brother's marriage to Lucielille only to discover her unfaithfulness. The ending is bleak – captured most vividly in the refrain: '*And thus roams Ebbe Skammelson so many wild ways.*'

    Torben's datter og hendes Faderbane (*Torben's Daughter and her Father's Slayer*), one of the *Ridderviser* is an excellent example of the way in which much of the drama in the ballads centres around the conflict between the individual and society, in particular the social importance of kinship and family. Individual needs are mostly

Den mest berømte af ridderviserne er uden tvivl *Ebbe Skammelsøn*. Ebbes broder, Peder, narrer Ebbes trolovede Lucielille til at tro, at hendes fraværende elskede er død og vinder på den måde svigefuldt og med held Lucielille. Tragedien udvikler sig, da Ebbe, den morgen broderen skal giftes med Lucielille, vender tilbage kun for at opdage hendes troløshed. Slutningen er dyster – udtrykt meget levende i omkvædet: »*Fordi træder Ebbe Skammelsøn så mangen sti vild.*«

    Torbens datter og hendes Faderbane er endnu en riddervise og et udmærket eksempel på, at meget af det dramatiske i viserne samler sig om konflikten mellem individ og samfund, specielt slægtskab og familiens sociale betydning. Individuelle behov er for det meste underordnet familiens, som bliver den der drager fordel af

subordinated to the family which becomes the beneficiary of the resolution of differences. The theme is a classic one – *Romeo and Juliet* springs to mind – and it is also a present conflict. Individual conformity to the family and its expectations and the tragedy of the consequences, if this is not observed, remain with us in modern society in the different contexts of contemporary religious belief. These vendettas are known as then as honour killings. Although they express it very differently, ballads such as this reveal a deep understanding of human behaviour.

The *Tryllevise* (*Faery and Folklore Ballads*) also contain much of contemporary interest. Supernatural elements are to be found here and, in the unfolding of events, fate frequently plays an important part. Supernatural elements in the ballads are often a way of dealing with psychology. These ballads deal with aspects of both human nature and nature itself and particularly in the changes that occur to the central figures. Such conflicts are often erotic and are connected with growing up, especially the period before the individual moves from one social grouping (the family) to another (marriage) For example in *Jomfruen I Fugleham* (*The Maiden in Hindskin*) the girl's transformation into a bird is a way of dealing with mental disorder.

Symbolic elements are also clearly suggestive of fear, transition and destiny. In these ballads, we find images of seduction, rejection and alienation. In *Elverhoj* (*The Elfhill*) and *Elverskud* (*The Elfshot*) an elf tries to bewitch the hero and it is worth noting that Danish still retains the word *ellevild* meaning 'ecstatic' or 'wild with joy.'

Music also plays a powerful part, as in *Tonernes Magt* (*The Power of Music*), where it is used as an expression of love. In other ballads, music and runes are used as a means of seduction. Horn or harp playing are ancient motifs leading us into love's enchantment.

And finally, in the category of *Tryllevise*

løsningen på uenigheder. Temaet er klassisk – *Romeo og Julie* falder på sinde – og det er også en nutidig konflikt. Individuel indstillen sig på familien og dens forventninger og de tragiske konsekvenser, hvis der ikke gives agt, er stadig til stede i det moderne samfund i forskellige sammenhænge præget af religiøs overbevisning. Disse vendettaer er, som dengang, kendt som æresdrab.

Skønt de udtrykker det meget forskelligt, afslører viser som denne en dyb forståelse af menneskelig adfærd.

Trylleviserne indeholder også meget af interesse for den moderne læser. Overnaturlige elementer findes her, og ved udviklingen af handlingen spiller skæbnen hyppigt en vigtig rolle. Overnaturlige elementer i folkeviser er ofte en måde at fremstille psykologiske problemer på. Disse viser beskæftiger sig både med sider af den menneskelige natur og naturen selv, og i særlig grad med de forandringer, der sker med de centrale skikkelser. Sådanne konflikter er ofte af erotisk art og forbundet med det at blive voksen, særligt den periode hvor personen bevæger sig fra en social gruppering (familien) til en anden (ægteskabet). For eksempel kunne pigens forvandling til en fugl i *Jomfruen i Fugleham* opfattes som en måde at skildre sindsforstyrrelser på.

Symbolske elementer findes helt klart som udtryk for frygt, forvandling og skæbne. Vi finder endvidere i disse folkeviser fremstillinger af forførelse, afvisning og fremmedgørelse. I *Elverhøj* og *Elverskud* prøver en elverpige at fortrylle helten. Og det er værd at bemærke at udtrykket »ellevild« i betydningen »ekstatisk« eller »vild af glæde« stadig er i live i det danske sprog.

Musik spiller en magtfuld rolle som i *Tonernes Magt*, hvor den bruges som et udtryk for kærlighed. I andre viser er musik og også runer brugt som forførelsesmidler. Horn- og harpespil er gamle motiver, der fører os ind i kærlighedens fortryllelse.

(*Faery and Folklore Ballads*) mention must be made of *Aage and Else* which tells of the faithful Else's pining for her lover after death. Aage's peace in death is disturbed by Else's grieving;

'For every single tear you shed
In melancholy mood,
Then is my coffin filled within
With drops of clotted blood.'

As a means of distracting her, Aage gets Else to look up at the stars as he returns to his grave, to prevent her from accompanying him. The European folk tradition has many other examples of the peace of the dead being disturbed by the grief of the living. Not until the living have ceased to grieve can the dead rest in peace.

About earlier translations

The ballads, in my view, have not always been well served by their translators. It is my hope that these new translations have avoided some of the pitfalls of their predecessors. First and foremost, these are translations into English and as far as possible into a poetry that tries to do justice to the original in not only literal matters, but also to their spirit.

Two previous translations have been made into Scots dialect. The first of these, Robert Jamieson's version in 1806, has already been referred to since it was the first attempt to translate the ballads. The reception of these ballads on a wider stage has not really been helped by their translation from a minority language, Danish, into Scots dialect. Robert Buchanan's hybrid version of 1866 in which he said that 'I have done the best I could in the English dialect using Scotch words liberally,' did not substantially aid this process.

And nearly a century later, Alexander Gray, in his introduction to his translation *Four and Forty* (1954) convinced himself that 'these bal-

Og endelig i denne kategori må nævnes *Aage og Else*, som beretter om den trofaste Else, der fortæres af længsel efter sin elskede efter døden.

Aages fred i døden bliver forstyrret af Elses sorg:

»For hver engang du græder for mig,
din hu gøres mod;
da står min kiste forinden fuld
med levret blod.«

For at aflede hendes tanker får Aage hende til at se op på stjernerne, så hun hindres i at følge ham, når han vender tilbage til sin grav. Den europæiske folketradition har mange andre eksempler på, at den dødes fred forstyrres af den levendes sorg. Ikke før den levende er holdt op med at sørge, kan den døde hvile i fred.

Om tidligere oversættelser

Efter min mening har folkeviserne ikke altid fået en god behandling af deres oversættere. Det er mit håb at disse nye oversættelser har undgået nogle af de faldgruber mine forgængere er faldet i. Først og fremmest: disse oversættelser er til engelsk og så vidt som muligt til poesi, som prøver at yde originalen retfærdighed, ikke blot sprogligt, men også i ånden.

To tidligere oversættelser har været til skotsk dialekt. Den første af disse, Robert Jamiesons version i 1806, er der allerede blevet henvist til, da det var det første forsøg på at oversætte folkeviser. Udbredelsen af disse viser er bestemt ikke hjulpet på vej af en oversættelse fra et lille sprog, dansk, til skotsk dialekt.

Robert Buchanans hybride version fra 1866, hvor han siger, at »jeg har gjort det bedste jeg kunne i den engelske dialekt og brugt skotske ord med bred hånd« ydede ikke nogen væsentlig hjælp i denne proces.

Og næsten et århundrede senere overbeviste Alexander Gray i sin indledning til sin oversæt-

lads, if they are to be translated, must be translated into a dialect, and I think preferably into Scots.' Later on, in his introduction, he comes to the conclusion that Scots and English are not separate languages. Since his translations into Scots are followed by extensive glossaries and translations of individual words into English it is difficult to see the logic of this.

George Borrow found the Danish texts somewhat lacking. In his preface to *Romantic Ballads* (1826), he doesn't hold back in his criticism of the original texts: 'The old Danish poets were,' he writes, 'for the most part rude in their versification. Their stanzas of four or two lines have not the full rhyme of vowel and consonant, but merely what the Spaniards call the 'assonante' or vowel rhyme, and attention seldom seems to have been paid to the number of feet on which the lines moved along.' He goes on to describe the ballads as being 'defective in point of harmony of numbers.'

Other translators explain themselves either by blaming the quality of the original, as Borrow does, or by simply attempting to provide a literal translation. As an example of both, Edward Cox in his introduction to Steenstrup's *The Medieval Popular Ballad* writes: 'the extracts from the ballads themselves I have endeavoured to turn into suitable ballad measures with as close an adherence to literalness as possible. In many cases the baldness of the English rendering may be excused on the score that the original verse is equally bald.'

E.M. Smith-Dampier, in the preface to her first translations published in 1920, writes: 'so far as possible, I have reproduced the metrical variations of the original ballads, and striven in general rather for literal accuracy than poetic effect.' And Henrik Meyer in his translation of Erik Dal's *Danske Viser: Gamle Folkeviser, Skaemt, Efterklang* (1967) achieves much the same effect: literalness without the poetry.

telse *Four and Forty* (1954) sig selv om, at »hvis disse folkeviser skal oversættes, må det være til dialekt, fortrinsvis skotsk.« Senere i sin indledning kommer han frem til den konklusion, at engelsk og skotsk ikke er separate sprog. Eftersom hans oversættelser er fulgt op af omfattende ordlister og oversættelser af enkelte ord til engelsk, er det vanskeligt at se logikken.

George Borrow fandt de danske tekster noget mangelfulde. I forordet til *Romantic Ballads* (1826) tilbageholder han ikke sin kritik af de originale tekster. »De gamle danske digtere var,« skriver han, »for det meste primitive i deres versbygning. Deres strofer på fire eller to linjer har ikke fuldt rim på vokal og konsonant, men kun hvad spanierne kalder halvrim eller vokalrim, og der synes sjældent at være stor opmærksomhed med hensyn til det antal fødder, som fører linjen frem.« Han fortsætter med at beskrive viserne som værende »mangelfulde hvad angår harmoni i antallet.«

Andre oversættere forklarer sig ved enten at klandre originalens kvalitet, eller ved simpelthen at fremstille en ordret oversættelse. Som et eksempel på begge skriver Edward Cox i sin indledning til Steenstrups *Den middelalderlige folkelige vise* (1914): »citaterne fra selve folkeviserne har jeg bestræbt mig på at gøre til passende versemål med så tæt en overholdelse af bogstaveligheden som muligt. I mange tilfælde kan primitiviteten ved den engelske overlevering undskyldes med, at den originale verselinje er tilsvarende dårlig.«

E.M. Smith-Dampier skriver i forordet til sine første oversættelser udgivet i 1920: » så vidt det er muligt har jeg gengivet de originale visers metriske variationer, og i det hele mere stræbt efter sproglig præcision end poetisk virkning.« Og Henrik Meyer opnår i høj grad samme virkning i sin oversættelse af Erik Dals *Danske Viser: Gamle Folkeviser, Skæmt, Efterklang* (1962): bogstavelighed uden poesi.

This translation

So what claims can be made for these translations in preference to those previously published? Firstly, I have come to them from a different starting point from my predecessors: a starting point best described by Seamus Heaney in the introduction to his translation of *Beowulf*: 'It is one thing to find lexical meanings for the words and to have some feel for how the metre might go, but it is quite another thing to find the tuning fork that will give you the note and pitch for the overall music of the work.'

Literalness is the death-knell of translation, as is transplantation, and I have avoided both. As Dryden says, 'too faithfully is too pedantically.' I have allowed the anglicising of certain names for ease of pronunciation. Inversion of a line, where it occurs, is usually for the sake of the rhyme which I have striven to adhere to. I have not always kept to the stresses and the beat of the line. A slavish adherence can sometimes work against the sense, and I have been trying to seek out the narrative rhythm that provides the momentum for the poem's delivery. And I have reminded myself that the ballads were originally danced to. In that respect, I have tried to keep them on their toes.

The odd archaism is included: 'thee' instead of 'you,' in the second line of a verse is always going to help with the 'closure' of the fourth line with the rhyme with 'me'. I have avoided dialect words. Alliteration, although not a particular feature of the ballad style, I have used to reinforce the impact of individual lines. I have also been aware of the power of the monosyllabic line and tried to reproduce it where it is in the original. All of this should indicate that my watchword has been to respond as the Earl of Roscommon urges, to make my 'words', my 'stiles' and the 'soul' of the translation 'agree' as best I could with the original. And in attempting to reconnect the modern reader with the ballad tradition I have kept in mind the 'music' of the ballads: both the rhythms of the dance and that they were once sung.

Denne oversættelse

Så hvad vil jeg hævde at opnå med disse oversættelser over for de tidligere udgivne? For det første er jeg gået til opgaven med et andet udgangspunkt end mine forgængere: et udgangspunkt bedst beskrevet af Seamus Heaney i indledningen til hans oversættelse af *Beowulf*: »Et er at finde leksikale betydninger af ordene og at have lidt fornemmelse for versemålets gang, men det er noget helt andet at finde den stemmegaffel, der giver tonen og klangen til værkets iboende musik.«

Bogstavelighed er oversættelsens dødsvarsel, i lighed med overførelse, og jeg har undgået dem begge. Som Dryden siger, » for nøjagtigt er for pedantisk«. Jeg har tilladt mig en anglisering af visse navne for at lette udtalen. Omvendt ordstilling, hvor den forekommer, er sædvanligvis på grund af rimet, som jeg har stræbt efter at overholde. Jeg har ikke altid fastholdt linjens tryk og slag. En slavisk overholdelse kan sommetider modarbejde fornemmelsen, og jeg har prøvet finde frem til den fortællende rytme, der giver visen fremdrift. Og jeg har mindet mig selv om, at viserne oprindeligt var danseviser. I den henseende har jeg prøvet på at holde dem oppe på tæerne.

Den særlige arkaisme er taget med: »thee« i stedet for »you« i strofens anden linje kan altid hjælpe til med at lukke fjerde linje med rimet »me«. Jeg har undgået dialektord. Skønt bogstavrim ikke er et særligt træk ved folkevisestilen, har jeg anvendt det for at forstærke virkningen i den enkelte linje. Jeg har også været opmærksom på styrken i linjen med enstavelsesord og prøvet at gengive den, når den er til stede i originalen. Alt dette skulle pege på at mine paroler har været »en fleksibel respons«; som Earl of Roscommon opfordrer til: at få mine »ord«, »min stil« og oversættelsens »sjæl« til at stemme overens med originalen så godt som muligt. Og i mit forsøg på forbinde den moderne læser med folkevisetraditionen har jeg husket visernes »musik«: både danserytmen og det at de engang blev sunget.

Sources
Kilder

The standard edition of the ballads is Danmarks gamle Folkeviser, edited by Svend Grundtvig, Axel Olrik, Hakon Gruner-Nielsen, Karl-Ivar Hildeman, Erik Dal and Jørn Piø, 12 vols. Copenhagen: Universitets-Jubilaeets danske Samfund, 1853-1976.

For this translation I have used the following texts:

Danske Folkeviser i Udvalg ved Axel Olrik, Gyldendalske Boghandels Forlag, Copenhagen 1899.

Danske Viser: Gamle folkeviser. Skæmt. Efterklang ved Erik Dal, Rosenkilde and Bagger, Copenhagen 1962.

Dansk Folkeviser ved Ernst Frandsen, Thaning & Appels Forlag, Copenhagen, 1966.

Et Hundrede udvalgte Danske Viser ved Jørgen Lorenzen G.E.C. Gad, Copenhagen, 1974.

The original sources are listed below. DgF refers to the standard edition above of Danmarks gamle Folkeviser. The number refers to the text itself and the letter to the version of the ballad used. The differences in the orthography of the ballads are due to the use of the different editions.

Medieval Society
1.   The Eagle Ballad – DgF 173B
2.   Queen Dagmar's Death – DgF 135A
3.   The Murder of Erik Klipping – DgF 145G
4.   Niels Ebbesen – DgF 156A

Folkevisernes standardudgave er Danmarks gamle Folkeviser, udgivet af Svend Grundtvig, Axel Olrik, Hakon Grüner-Nielsen, Karl Ivar Hildeman, Erik Dal og Jørn Pio i 12 bind. København: Universitetsjubilæets danske Samfund, 1852-1976.

Til denne udgave har jeg brugt følgende tekster:

Danske Folkeviser i Udvalg ved Axel Olrik, Gyldendalske Boghandels Forlag, København 1899.

Danske Viser: Gamle folkeviser. Skæmt. Efterklang ved Erik Dal, Rosenkilde and Bagger, København 1962.

Dansk Folkeviser ved Ernst Frandsen, Thaning & Appels Forlag, København, 1966.

Et Hundrede udvalgte Danske Viser ved Jørgen Lorenzen G.E.C. Gad, København, 1974.

De originale kilder er anført nedenfor. DgF henviser til standardudgaven, ovenfornævnte Danmarks gamle Folkeviser. Tallet henviser til selve teksten og bogstavet til den anvendte variant af visen. Årsagen til forskelligheder I ortografi skyldes brugen af de forskellige folkeviseudgaver.

Middelaldersamfundet
1.   Ørnevisen - DgF 173B
2.   Dronning Dagmars død - DgF 135A
3.   Erik Klippings drab - DgF 145G
4.   Niels Ebbesøn – DgF 156A

Bibliography
Bibliografi

Borrow, George
Romantic Ballads, London, 1826,
The Songs of Scandinavia and other Poems and
Ballads, vols. 7, 8 and 9 of the Norwich Edition of
the Works of George Borrow, London 1923.

Buchanan, Robert
Ballad Stories of the Affections, from the Scandinavian, 1866.

Dal, Erik
Danish Ballads and Folksongs, edited by Erik
Dal, translated by Henrik Meyer, Rosenkilde and
Bagger, The American-Scandinavian Foundation,
Copenhagen,1967.

Gray, Alexander
Four-and-Forty, A Selection of Danish Ballads
presented in Scots, Edinburgh University Press,
1954.
Historical Ballads of Denmark, Edinburgh University Press, 1958.

Jamieson, Robert
Popular Ballads and Songs, Edinburgh, 1806.
Popular Heroic and Romantic Ballads, Edinburgh
1814.

Jorgensen, Aage
Some recent contributions to Danish Ballad Research, Folklore Vol. 87 No 2 (1976).

Mitchell, P.M.
A History of Danish Literature, Gyldendal Copenhagen, 1957.

Prior, R.C.A.
Ancient Danish Ballads, 3 vols., Williams and
Norgate, London, 1860.

Rossel, Sven H (ed.)
A History of Danish Literature, University of Nebraska Press, 1992.

Smith Dampier, E.M.
A Book of Danish Ballads, Princeton University
Press, 1939.

Steenstrup, Johannes
The Medieval Popular Ballad, translated by Edward Geoffrey,Cox, Ginn and Company, The Athenaeum Press, 1914.

Syndergaard, Larry E.
English Translations of the Scandinavian Medieval Ballads, an Analytical Guide and Bibliography, The Nordic Institute of Folklore, 1995.

Acknowledgements
Tak

These translations could not have been achieved without the friendship and support of a number of people and it is a pleasure to acknowledge their involvement here: Jens and Birgit Lund, Knud and Hanne Kramshoj, Torben From and Lilli Eriksen, Stephen and Henriette Monsted, Kristian Schultz Petersen and Sonia Brandes.

It is fitting that the book should be dedicated to Knud and Hanne Kramshoj whose commitment over many years of friendship has helped bring the ballad project to fruition. Their encouragement, contribution and critical judgement have been invaluable.

To Deborah, Eleanor and Jonathan go my thanks for their love and support, and especially my thanks to Jonathan for his proof reading and editorial skills.

DB

Disse oversættelser kunne ikke være gennemført uden venskab og støtte fra en række mennesker, og det er mig en glæde at kunne takke dem her for deres engagement: Jens og Birgit Lund, Knud og Hanne Kramshøj, Torben From og Lilli Eriksen, Stephen og Henriette Mønsted, Kristian Schultz Petersen og Sonia Brandes.

Det er på sin plads at bogen tilegnes Knud og Hanne Kramshøj hvis engagement gennem mange års venskab har hjulpet med til at virkeliggøre dette folkeviseprojekt. Deres opmuntring, bidrag og kritiske vurderinger har været uvurderlige.

Til Deborah, Eleanor og Jonathan går min tak for deres kærlighed og støtte, og en speciel tak til Jonathan for hans korrekturlæsning og redaktionelle færdigheder.

DB